建築に夢をみた

安藤忠雄

NHKライブラリー

NHK出版

建築に夢をみた

安藤忠雄

NHKライブラリー

NHK出版

装丁：菊地信義

はじめに

若い頃から世界各地をひたすら歩き、建築、都市を巡る旅を続けてきた。そのたび、地域によって異なる人間の営みの多様さに驚き、建築として描かれた人々の夢に心打たれた。その夢を感じたからこそ、私は建築家という生き方を選んだのかもしれない。

本書では、これまで私が出会った建築、都市を取り上げ、そこにどのような夢が託されてきたのか、それが現代の私達の生活にどのようにつながっているのか、私なりの考えをお話しするつもりだ。何より建築の世界がこんなにも豊かで、奥深いものなのだということを、多くの人々に知ってほしい。

取り上げた事例の中には近代、二〇世紀の建築、都市における試みが数多く登場する。それらは、二〇世紀の技術的、社会的進歩の輝かしい成果が刻まれた、いわば時代の描いた夢の系譜である。そこに込められた、社会と向き合い、社会をより豊かなものにしていこうとした人々の思いが、今もって私達の心に強く響いてくる。しかし、その一方では都市問題、自然破壊といった負の遺産が、取り組むべき課題として確実に残されてきている。私達はこの成果と課題の両方を引き受け、次代を生き抜いていかねばならない。

二〇〇一年九月一一日、ニューヨークの一つの象徴であったワールド・トレード・センターが崩壊した。この本の第4章で、私が二〇世紀の夢の実現として取り上げた現代都市を突然襲ったテロ事件の悲劇である。テロは、数多くの尊い人命とともに、都市にとっても最も重要な記憶を奪い去った。同時にそれは二〇世紀的世界を形づくってきた価値観そのものを否定する行為だった。結局、事件の根幹にあったのは異文化間の対立、すなわちグローバル・スタンダードを善とするアメリカを頂点とした資本主義社会の価値観と、それに対して自らのアイデンティティを守ろうとしたイスラム世界の価値観との衝突にあったといえるだろう。それは追い詰められた人々の、精一杯の抵抗だった。

現在、多くの建築家によってグラウンド・ゼロの処遇が議論され、さまざまな提案がなされている。だが、今必要なのは、理不尽に命を奪われた人々への鎮魂と未来へ向かうための反省のときを刻むことではないか。地球という限られた場所にせめぎあって住みついている私達人間が、いかにして共に集まって生きていけるか、互いの存在を認めあいながら一つの共同体を営んでいけるか、その問題を皆で考えることではないか。今を生きる私達の責任は重大である。

P.5　ワールド・トレード・センター跡地に墳墓をつくるコンセプト図

WORLD TRADE CENTER PROJECT
Burial Mound for Eternal Memory / Ground Zero

目次

第1章　住まい

住まい——建築の原点

建築の原点は住まいにあると私は考えています。人間の最も根源的な欲求から生まれる住まいとは、そこに住む人々の生活や気候風土の違いがそのままに表れる土着のものでした。世界各地にある土着の住まいを眺めてみると、ときに驚くような表現のものもあり、改めて人間の生活の多様な在り方に気づかされます。それらは現代的価値観からすると確かに前近代的で非合理なものに見えるかもしれません。しかし、私はそこに人々の生きること、住まうことへの欲求の切実さ故の力強さと、現代の私達の住環境にはない素朴な豊かさを感じるのです。

ひるがえって現代の住まいはと言えば、そのほとんどは合理性、機能性を第一とする近代的思考のもとにつくられたものです。技術の進歩、社会制度の発達によって、それらは近代以前の住居とは比較にならぬほどに便利で快適なものとなっています。また誰もが同じような快適さを求めたがために、地域による差異のない、画一的な住環境が世界中に形成されています。

しかし便利であることが、すなわち豊かなことなのでしょうか。そしてまた、近代に生まれたいわゆる近代建築が描いた理想とは、現代あるような無個性で、ただ経済効率のみから生産される商品のような住まいの在り方だったのでしょうか。私には、そうは思えません。人間の魂の拠り所となるべき住まいが、商品であって良いわけはなく、また今世紀につくられた近代住宅建築の名作の数々は、決して無批判に教科書通りつくられたものではない、未来への夢が託されたつくり手の精神の葛藤の末に生み出されたものでした。

建築を始めて以来、これまで〈住まい〉という主題は、私にとって常に思考の根幹となるものであり、またこれからもそうあり続けるものです。住まいこそが、私の建築の原点なのです。

集落との出会い

旅は人間をつくります。建築を学ぶ上においても、建築とは実際に現地を訪れ、自らの五感を通じてその空間を体感して初めて理解できるものですから、建築家はとにかく歩かねばならないと思います。近代建築の巨匠ル・コルビュジエ[★1]もまた、二四歳のときに、半年間に及ぶ長い旅にでておりますが、後年発表されたその旅日記「東方への旅」を見ると、彼が旅からいかに多くのものを得たかが良く分かります。

二〇代で、私が建築の道を進もうと考えたとき、私を含めた当時の日本人にとって、建築とはすなわち西洋建築であり、西欧の建築文化を土壌として生まれてきた近代建築のことでした。西洋建築史の多くはギリシャの時代から記述が始められています。ですから、実際に自分の目で見てみようと渡欧を決心したとき、まず心に浮かんだのは、ギリシャ、アテネのアクロポリスの丘であり、西洋建築の原点と言われるパルテノン神殿でした。

有名なアクロポリスの丘を登り、その頂に築かれた基壇の上に、厳然と立ち並ぶ列柱群を目にしたときの感動は今も忘れません。紺碧の空、群青の海と強烈なコントラストを織り成す白い大理石、造形物一つ一つに、全体から細部にまで貫徹されたシンメトリーの美。ここには、古代から現代に至るまで、常に西洋建築の根底に流れている秩序というものが、最も純粋なかたちで体現されているように感じました。

パルテノンに代表される様式的な造形美は、決して自然発生的に生まれるものではなく、人間の理性、強い意志の力の積み重ねによってつくりだされるものです。しかしギリシャへの旅の中でパルテノンと同じく、むしろそれ以上に私を惹きつけたのが、同じエーゲ海に存在しながらパルテノンの明晰さと全く対極的な構成を持つ、サントリーニ島やミコノス島のヴァナキュラー（土着的）な集落でした。そこでは家々が島の急斜面に重なり合い、張りつくように建てられており、そのすべてが石灰汁によって一様に塗り固められていました。上下左右に自由に積み重ねられた家々の間を、ぬうように走る路地空間は、複雑に入り組んだ迷路のようになっています。私は進むにつれ絶えず変化する光景に、飽きることなく町を歩き続けました。

土地の人々が地元の材料を使い、自分達の生活に即して、自分達の手でつくる住まい。それは、おのずとその場所その共同体に固有の形式を持ちますから、世界にはその地域独自の住まいが、実に多様な表情をもって営まれているのです。

イタリア南部のプーリア地方のトゥルッリと呼ばれる民家は、ミコノス島と同じ石灰岩質の土地柄と、古くからギリシャ文化の影響を強く受けていたことから、同じく石灰汁を用いて白く塗り込まれた住居となっています。しかしここで、おもしろいのはその頭上に戴く、とんがり帽子のような組積造《そせきぞう》の屋根です。アルベロベロという町は、このトゥルッリが数多くあることで知られています。ここでは、同じ形状のトゥルッリが様々に組み合わされて密集することで、実に不思議な住まいの風景が形成されています。他にも、タイのバンコクの河川につくられた水上の家、インドネシアの漂海民の住む海上の家、アフリカ西部ニオフォイン村の赤土の家、放牧で暮らすモンゴルの人々の移動式住居パオ、アメリカのプエブロ族の日干し煉瓦の集合住居、モロッコの土と石の家など、挙げ出すときりがありません。世界を旅し、自分の持つ住まいの常識を覆すような家々に出会うと、その度に、「人間とは、生まれた場所が違っただけで、これほど異なる風景の中で生きていくのか」という素朴な驚きを覚えます。人々の、最も直截なかたちでの「住まう」という意思表明、人々が長い時の中で積み重ねてきた葛藤と工夫の積み重ねがかたちとなって、

赤土の家　コートジヴォワール（写真／小松義夫）

サントリーニ島の集落　ギリシャ、サントリーニ島（写真／小松義夫）

強く心を動かすのです。

一方、現代日本に生きる私達の住環境を考えてみると、便利ではあるけれども、ヴァナキュラーな住まいの持つような、地域につちかわれてきた経験に基づく差異は失われつつあります。そこには、多様性という豊かさも、住まうことへの思いも、夢も感じられません。ただ代価に見合った機能を供するだけの商品としての住まいがあるだけです。地域風土に根差した住まい方から、このような画一化された住環境へと転換させたものが何だったのかといえば、それこそが一七世紀、西欧に誕生した〈近代〉という理念です。

近代という時代

近代の根本にあったのは、合理性、論理性をもって世界を捉え直し、理にかなった秩序を与えようとする精神でした。そのモデルとなったのは、機能、構造、普遍性を象徴する〈機械〉です。これによって住まいは、ただ寝食の場として効率良く機能することのみを求められるようになり、新たに独立専用住居という形式が誕生します。それはまた、工業化社会の生み出した職住分離の生活形態に従ったものでもありました。

また近代とは、一部の特権階級に代わって初めて大衆が主役となった時代です。それゆえ近代草創期を生きた建築家にとって、この独立専用住居こそが最大かつ最重要な課題となり、この住宅建築を軸として、近代建築は発展していきます。かつて、パルテノン神殿のようなモニュメンタルな建造物のみをつくってきた建築家が、初めて住まいを自らの創造の対象として捉えたのです。彼らの描いた理想と現実との葛藤の軌跡を、最も端的に象徴しているのが、近代建築の巨匠と称されるル・コルビュジェの今世紀初頭の一連の活動のように思えます。

住むための機械

「住宅は住むための機械である」。コルビュジェが吐いたこの言葉ほどに、近代建築の一つの本質を言い当て、また広く世界の建築家に影響を与えたものは、そうありません。コルビュジェは、住宅建築によって近代建築の理念を具現化し、近代建築の旗手となっていきます。それはこの言葉からも分かるように、機械＝普遍性のイメージによって二〇世紀という時代の精神を正確にとらえていたと同時に、住宅にこそ近代建築の本質が端的に表れることを摑んだからです。コルビュジェが近代の建築家として、最初に成し遂げた業績に、鉄筋コンクリートの軸組を発展させたドミノ・システム（一九一四年）の考案があります。

近代建築の成立を考える上において、鉄、コンクリート、ガラスといった近代の素材とその構築法の発達が、その前提条件としてあったことは言うまでもありません。その最も革新的な点は、石の圧縮耐性に基づいた組積造として発展してきた従来の西洋建築に対し、鉄という引っ張り力に対する耐性を持つ素材が実用化され、鉄骨造や鉄筋コンクリート造が可能になったことにありました。現在では当たり前となった、陸屋根、壁一杯のガラス窓、ピロティ、吊り構造の屋根などは、全て力学的に見ると、引っ張り耐性を持つ鉄があって初めて可能なデザインなのです。

鉄筋コンクリート造自体は、コルビュジェより以前に、オーギュスト・ペレによって既に、基本となるスタイルが確立されつつありました。ペレがあくまで古典主義的な造形感覚の延長上でコンクリートを実験的に扱ったのに対し、コルビュジェは、その可能性を一歩進め、新たな空間構成の基本原理を追求しドミノに到達したのです。

ドミノ・システムの最も重要な意義は、鉄筋コンクリート造を用いることによって、壁を構造から完全に独立できる、すなわち建築を骨組みと皮膜に分けて考えることができるのだということを示した点にあります。木による軸組が一般的だった日本から見ると一見当たり前のようですが、壁を構造から切り離し構造を担う柱と、場を規定するのみの壁という二つの要素を分離したことは、組積造が主流であったそれまでの西洋建築にとって革命的な事件でした。事実、これを契機に近代建築はかつてない新しい表現方法を手に入れることになるのです。

コルビュジェの理念が最も明快に体現されたのが、一九三一年、パリ郊外のポワッシーに完成したサヴォワ邸です。それと相前後する一九二七年、コルビュジェはドミノ・シス

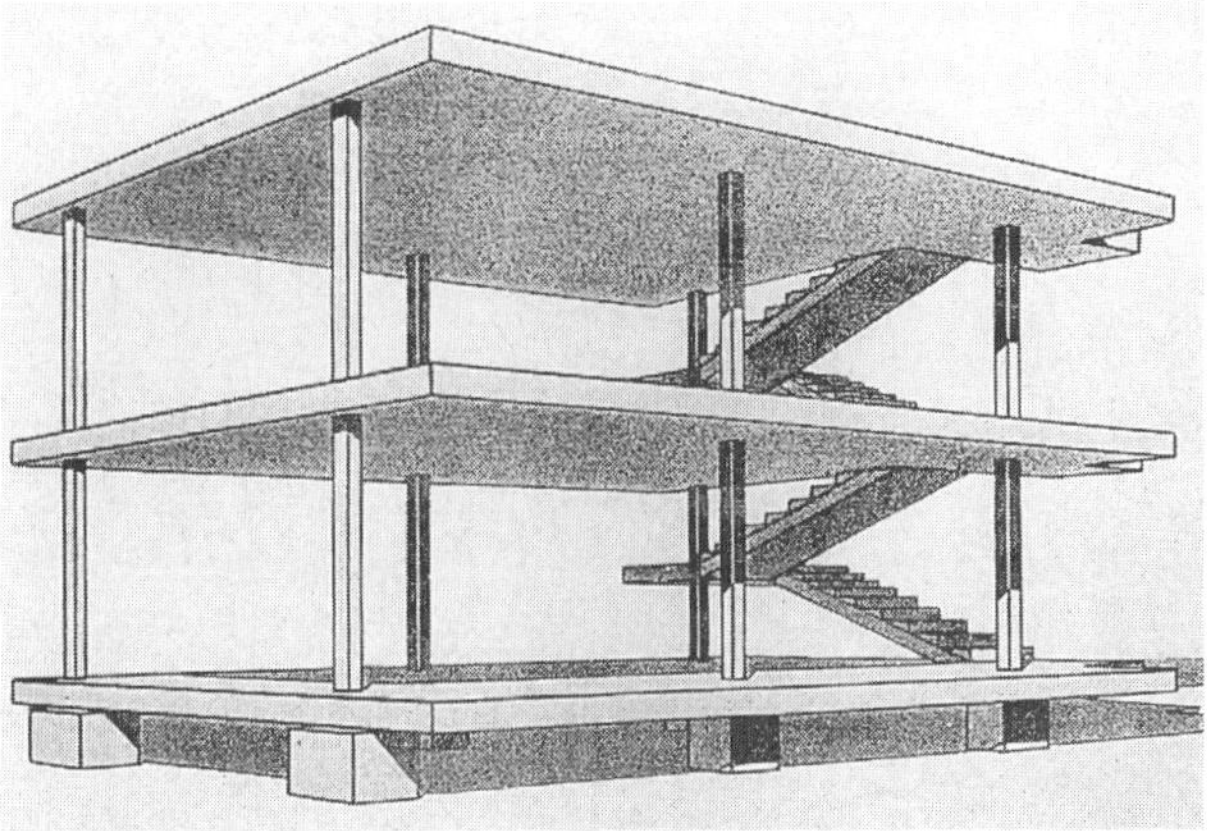

ドミノ・システム　1914年。ル・コルビュジェ

サヴォワ邸　1931年。ル・コルビュジェ(写真／安藤忠雄建築研究所)

テムによってもたらされる建築の新たな構成を、近代建築五原則（①ピロティ　②屋上庭園　③自由な平面構成　④水平連続窓　⑤自由なファサード）と称して定式化しているのですが、サヴォワ邸では、その五原則があますところなく体現されています。

コルビュジェの提示した近代的住居像は、巧みなプロパガンダによって一般化され、特に表面的な引用によって世界に多大な影響を与えていきます。今では、ピロティにしろ、陸屋根にしろ、コルビュジェの生み出した建築言語は、日常当たり前に目にするごく普通のものであり、箱型の近代建築は、現代都市空間を貧しいものにした元凶として、非難の対象にすらなる傾向にあります。しかし、サヴォワ邸が二〇世紀近代建築の代表作として、今なお高い評価を受けているのは、決してそれが単に教条的な役割を果たしたからというだけではなく、そこに近代人の描く新しい生活の夢が語られているからだと私は思います。

サヴォワ邸の構成上の骨格となっているのは、中央の斜路です。斜路を進むにつれて視点はゆるやかに移動し、その連続的な変化がピロティから屋上までを抑揚ある一体の空間として認識させます。この、建築を運動に伴う場面の重なりとして体験されるものとする考え方は、決して合理性、機能性から導かれるものではありません。

サヴォワ邸は決して完璧な論理を持つ建物ではなく、矛盾のままに自らの夢を具現化しようとしたコルビュジェの苦闘の痕跡が、表現の曖昧さとなって各所に現れています。それこそが、この建物に多様な解釈を許容する豊かさ、奥行きを与えているように思います。

しかしコルビュジェの提示した発見は、その全てが彼一人により見出されたわけではありません。むしろそれは同時発生的に形成されつつあった近代建築運動の各成果を、総体的に消化し、広く万人に共有し得る造形手法として彼なりの形を与えたものでした。一九二七年、ドイツのシュトゥットガルト郊外で開催された住宅展ヴァイセンホーフ・ジードルンクを見ると、それまで各国で個別に展開してきた近代建築運動が、国境を越えて共通の特徴を備えた表現へと収斂されつつあったことが良く分かります。この時期に誕生した近代民主主義と資本主義を前提とし、工業技術に拠って成立する新しい建築の在り方が後の近代建築の国際的な展開の基となっていくのです。

その後、近代建築を新しい〈様式〉として確立させたのが一九三二年、ニューヨーク近代美術館（ＭｏＭＡ）で開催された「近代建築：国際展覧会」です。この展覧会を企画したフィリップ・ジョンソン、ヘンリー・ラッセル・ヒッチコックは、同時に出版した著書において、インターナショナル・スタイル★2（国際様式）という言葉を用いて新しい建築様式の成立をうたいあげました。彼らの主張は近代建築の思想的背景を切り離し、単にスタイル、形式上の問題として扱ったものであり、それゆえに、時代の勢いにのって広く世界に伝播していきました。一九六〇年代に至るまで、この様式は建築界の支配的な傾向となっていくのです。

近代主義の成熟

一九二〇年代ヨーロッパで成立した新しい表現は、その後世界中に広がっていき、日本を始めとして、各国それぞれの事情の下、近代建築がつくられていきました。その中には、近代建築の成果を取り入れつつも、あくまで自国の風土・伝統を大切にしながら、近代建築の可能性を切り開いていった建築家もいます。フィンランドにはアルヴァ・アアルトが登場し、近代建築の新たな成果と北欧の風土とを見事に融合させた作品をつくり続けました。また、フランク・ロイド・ライトを中心としてヨーロッパとは異なる文脈で近代化が進められていたアメリカでは、二〇年代ルドルフ・シンドラー、リチャード・ノイトらがヨーロッパから移り住み、インターナショナル・スタイルの建築を広め、西海岸特有の建築文化を築いていきました。

近代主義がさらに成熟を見せるのは、主に技術面での進歩、発展です。特に住まいにおいて、重要な意味を持つのがプレファブリケーション、その結果としての建築生産の工業化の問題でした。大衆のための建築という所から出発した近代建築にとって、安価で大量の住宅供給を可能にする建築の規格化、そして量産化は、当初から多大な関心をもたれるものでした。工業化住宅の可能性を、大変ユニークなかたちで追求した試みに、アメリカ西海岸で展開されたケース・スタディ・ハウス★3があります。

ケース・スタディ・ハウスとは、当時カリフォルニアをベースとした雑誌によって展開

CSH＃22 1960年。ピエール・コーニッグ
（写真／Julius Shulman）

された一連の提案住宅であり、シンドラー、ノイトラ等の切り開いた西海岸における近代建築の流れを、さらに発展させようとする試みでした。今見ても斬新なチャールズ・イームズの自邸（一九四九年）、クレイグ・エルウッド、ピエール・コーニッグ等による鉄とガラスの住宅は、工業製品としての施工性・経済性を模索しながら快適な住環境を実現しようとしたものです。そのコンセプトは、イームズ自邸が、鉄骨が既に現場に搬入された後に計画変更がなされたにもかかわらず、新たに追加発注したのがわずか梁一本であったというエピソードにも良く表れています。ケース・スタディ・ハウスは、また新しい社会単位としての核家族を対象とした住宅のプロトタイプを

目指したものでもありました。ここで実現された明るく広々としたモダンリビングのイメージが、戦後アメリカの豊かさと相俟って、日本人の憧れの住宅像につながっていくのです。

イームズ自邸の完成と相前後して、近代建築の合理性、普遍性を追い求める還元的傾向の究極の地点が、ミース・ファン・デル・ローエによって、提出されます。ユニヴァーサル・スペースと称されたその空間は、文字通りどのような機能にも対応し得る普遍性を持つ、どこまでも均質な光、均質な空気に満たされた場所です。ミースは二〇年代より、試行錯誤をくり返してきた理念を、一九五〇年、ファンズワース邸に結晶させました。この住宅は、「less is more」というミースの言葉通り、素材を鉄とガラスに限定し、柱を外部に持ち出し無柱とされた内部空間は、装飾性は一切排除され、まさに純粋な空間そのものでした。その後ミースは、この住宅をそのまま積層させたかのような超高層建築をつくりあげ、その追従者によって世界の都市風景を一変させていく結果をもたらします。

近代への懐疑

「近代建築：国際展覧会」から三二年後の一九六四年、同じくＭｏＭＡにおいて、[★4]「建築家なしの建築展」と題した展覧会がバーナード・ルドフスキーという建築家の手によって

シーランチ・コンドミニアム
1965年。チャールズ・W・ムーア

開かれます。世界のヴァナキュラー建築、集落等の写真を集めたこの展覧会は、当時の主流であったインターナショナル・スタイルに対する正面切っての異議申し立てであり、世界中の建築家に大きな衝撃を与えました。

何より意味深いのは、ルドフスキーが、決して亜流の建築家だった訳ではなかったということです。近代建築家自身の中でも、純粋な均質空間としての近代主義に対する疑問、いいかえれば普遍性に対しての地域性の意義というものが強く感じられはじめていたということでしょう。

一九六〇年代は、あらゆる分野で、近代に対する異議申し立てが噴出したときでした。ある意味において短絡的な近代主義がもたらした画一的、均質的な生活環境に対し、人々が矛盾と不満を感じ始めたのです。フランスの五月革命に象徴されるその動きは、建築界でも様々な視点からの反近代運動となって現れました。アメリカの農村建築をモチーフとしたシーランチ・コンドミニアムをつくり、主流としての近代建築から離れた、大衆的な建築表現の在り方を訴えたチャールズ・W・ムーアや、『建築の複合と対立』を著し、処女作である「母の家」など建築の表象性に着目したロバート・ヴェンチューリの試み等、後のポスト・モダン・ムーブメントにつながっていく提案が、この時期数多く提出されます。その主張の多くは、近代主義が経済至上主義と結び付いていく過程で置き去りにしてきた、地域、風土、歴史といったものを、今一度取り戻そうとするものでしたが、ここで何よりその是非を問われたのは、人々の生活に最も密接に関わる住まいの問題でした。

近代に至り、社会の激変を受けて合理、経済性という価値基準のみの中に押し込まれてしまった〈住まい〉。最終的には、ミースの均質空間をその模範解として提出しながら、それが人間の肉体と、何より精神の器として本当に相応しいものなのかという問いかけを、再び人々の心に引き起こすことになるのです。

住吉の長屋から

私自身が、建築を始めたのは、一九六〇年代末、まさに今述べたような近代主義に対す

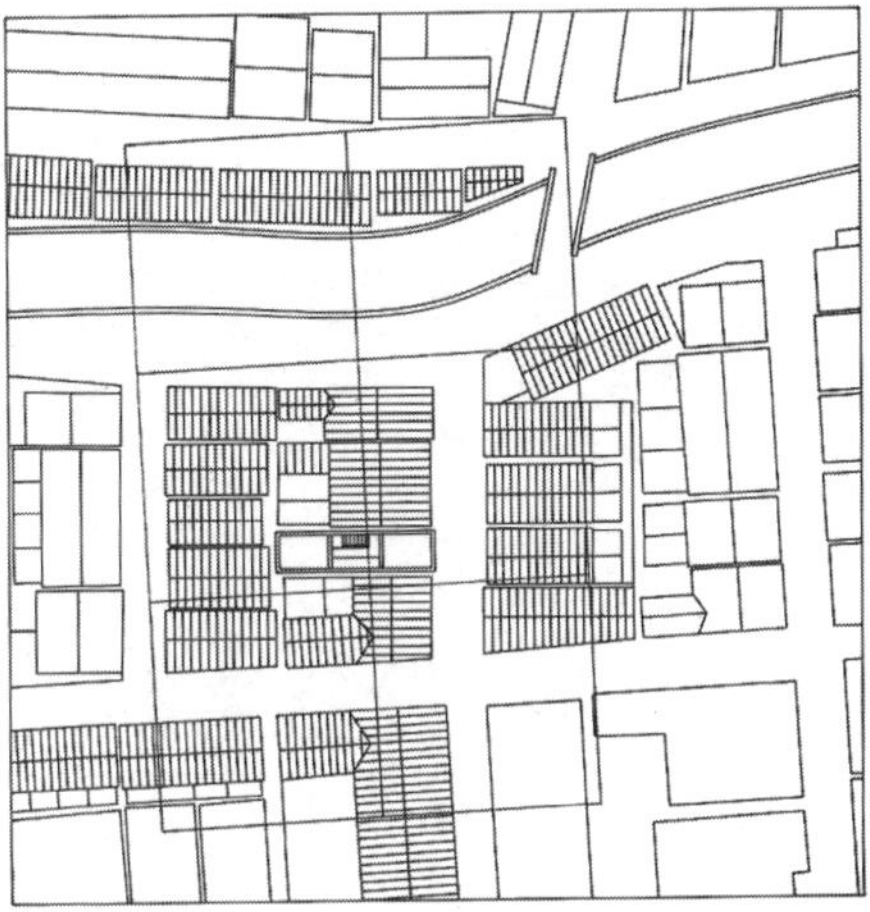

住吉の長屋
配置図

る不信感が、世界に蔓延していたときです。事務所開設当初は、当然設計の依頼などなく、時折、小さな住宅の仕事が舞い込むだけでした。それらは、予算も厳しく、規模も極小といえるものでしたが、実際に自らの考えをかたちにできる機会が与えられたのが嬉しく、それらの小さい住宅と精一杯格闘しました。数件の住宅設計を経た後の、一九七六年に完成した住吉の長屋は、私の都市住居に対する提案が、最も明快なかたちで現れ、また私自身にとっての事実上のデビュー作となった住宅です。

敷地は大阪下町の三軒長屋の真ん中という、非常に過密な都市環境の中にありました。伝統的な大阪の長屋というのはだいたい間口が二間、奥行きが七間ほどの棟割り長屋です。一つの棟をいくつかに割っていくから棟割り長屋というのですが、これは日本人が都市の高密度化の中で、極限の住まいを生み出そうとした追求の産物であり、何百年の歴史を生き続けてきた都市住居の原型ともいうべきものです。長屋というと暗く不衛生といったイメージがつきまといますが、もともとそこに住んでいる人にとって、住まいとは必ずしも光に満ちたものである必要はないし、また中庭や後ろ庭といったささやかなオープンスペースによって、住戸内は意外に風通し良く保たれています。私自身、大阪の下町の長屋で育ちましたが、中庭から差し込むささやかな陽の光の美しさや、風の心地よさが鮮明に記憶として残っています。それは、狭苦しい住居内部に、自然という無限の広がりを感じさせる、一つの小宇宙のようなものだったのです。

当時、憧れの住まいといえば、白いアメリカ風の暮らしをイメージした郊外型の住居であり、アメリカのモダン住宅をそのままに縮小したような建売住宅が、新興住宅地には続々とつくられていました。しかし、住まいとは、本来住まい手一人一人の夢が語られるものであるし、また本当の豊かさとは単に便利で、快適なことではない、狭いなら狭いなりの豊かさを求めるべきではないのか——。そのような信念のもと、私は現存する長屋を、通し梁もろとも切り取り、そこにコンクリートの箱を挿入、三分割した中央部分を中庭として空に解き放つという空間構成を提案しました。通常の価値観からすると、狭い敷地の三分の一をも占める中庭は、無駄以外の何物でもなく、また中庭によって分断される内部

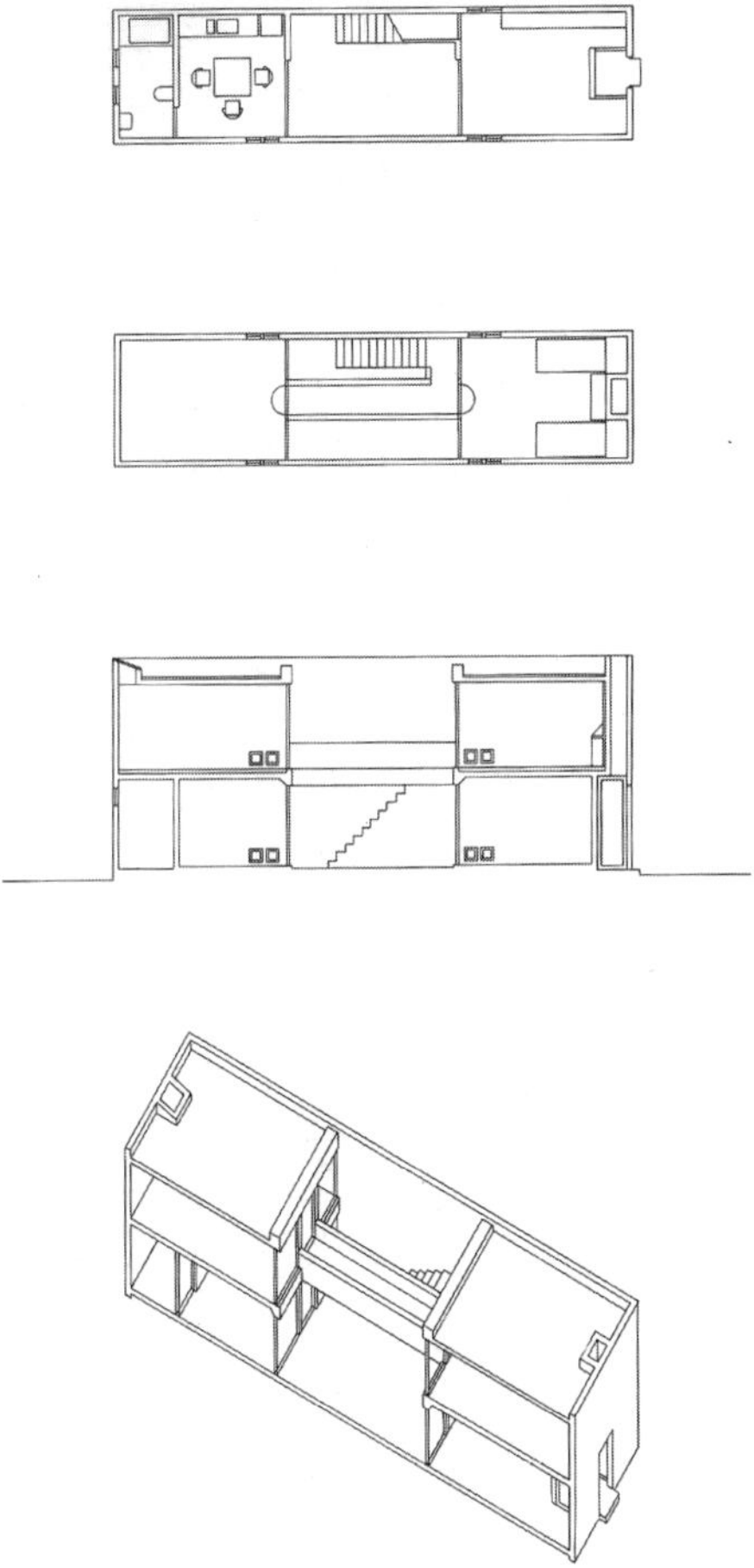

住吉の長屋　上より一階平面図、二階平面図、断面図、アクソノメトリック・ドローイング

動線は、雨の日には傘をさしてトイレに行かねばならない不便なものです。しかし、この中庭は、狭い長屋に予想を超えた奥行きを与える小宇宙なのであり、ここから住まいに注ぎ込むささやかな自然が単なる機能性を超えた感動と生のリアリティを、住まいにもたらすのです。

住吉の長屋はまた、自らに鉄・ガラス・コンクリートといった近代的素材と、恣意性を排除した厳密な幾何学を制約として課すことで、私なりに近代とは何であったかを問い、近代を乗り越えようとした試みでもあります。コルビュジェ等が示した近代建築の可能性に対して、単純性、抽象性を指向しながら、その内に人々の日常生活を受け止める多様さ、複雑さを内包する建築をもって応えたいと考えたのです。

完成当時は、非機能的な構成、不愛想な外観ゆえに、世間からは建築家の横暴であるとして囂々《ごうごう》たる非難を浴びました。しかし施主である東夫妻は、二〇年以上経た今なお、改築もせずに住み続けています。今も年に数軒のペースで住宅設計に関わっていますが、〈住まい〉は、いつも私を原点へと立ち返らせ、建築とは何かという命題を私に突きつけてきます。

★1　ル・コルビュジェ　Le Corbusier（一八八七—一九六五）、スイス出身。建築家。パリを拠点として『エスプリ・ヌーヴォー』誌などを通じ、総合的な芸術の革新を提唱、近代建築の五原則、CIAMの設立など近代建築の理念形成を主導した。代表作に「サヴォワ邸」、「ユニテ・ダビタシオン・マルセイユ」「ロンシャンの教会」など。

★2　**インターナショナル・スタイル**　近代建築の多様な動向のなかで、個人や地域といった特殊性を超えて、世界共通の様式へと向かおうとするもの。最初にW・グロピウスが指摘、のちH・R・ヒッチコックらが定着させた。

★3　**ケース・スタディ・ハウス（CSH）**　第二次大戦後ジョン・エンテンザ発行の『アーツ・アンド・アーキテクチャー』誌によって企画された、鉄骨造による標準化という夢を追った住宅群。一九四五年から六六年までに二五軒の住宅が実現した。

★4　**バーナード・ルドフスキー　Bernard Rudofsky**（一九〇五―八八）、ウィーン生まれのアメリカ人。建築家、建築史家、エンジニア。一九五八年のブリュッセル万国博のアメリカ館を設計。批評家・随筆家としても知られ、「建築家なしの建築展」を著書にまとめた『建築家なしの建築』の他にも、『人間のための街路』『キモノ・マインド』『みっともない人体』『驚異の工匠たち』『さあ横になって食べよう』などユニークな著作が多数。

P.30〜31　住吉の長屋　外観（右）と内観、一九七六年（写真／新建築社）

第2章　集まって住む

集まって住む――集合住宅の原点

　集まって住むことの意味、豊かさを考えたとき、私が思いつくのは中国南部福建省の、客家《ハッカ》と呼ばれる人々が営む集合住居です。土楼と称されるその建物には、大きい所でおよそ五〇家族、三〇〇人前後の人々が集まって暮らしているといいます。構成的には直径数十メートルの中庭を中心に居住空間を環状に積層させたかたちをとり、地上階は厨房などが配された公的な空間、二階は倉庫、三階四階は寝室といった具合に実に明快な秩序をもって機能が配されています。その集合形式に表れているのは独自の大家族制度を持つ、客家の人々の共同生活の在り方そのものです。

　土壁に穿たれた門戸をくぐり、一歩その中に足を踏み入れると、外界から切り離されてある濃密な生活空間に圧倒されます。中庭を巡って営まれる人々の共同生活の、その場面の一つ一つが重なり合って訪れる者の心に強く訴えかけてくるのです。彼らの共同体としての多様な営みを促す空間構成、その集合の形式――そこに私は集まって住むことの豊かさを、その原点を見るような気がするのです。

客家の集合住居　中国、福建省（写真／小松義夫）

集落に学ぶ

集合住居を考える上で、何より大切なのは個々の住まいとその集合全体との関係です。日本の場合、住戸をただ積み重ねたり並べたりするだけで、集まって住む形式になっていないものが多い。都心のマンションの廊下、階段といった共用部分が魅力のない貧しい空間となっているのも、個が確立しないままプライバシーを重視するばかりに、そこで集まって住むという意味が考慮されていないからです。その意味で、営々とした蓄積に基づき営まれている世界各地の土着的な住まい、集落には学ぶべきところが多々あります。集落は一見、特に意図もなく自然発生的に生み出されたかに見えます。しかし、そこにはその場所で生き抜いていくために、長い年月をかけて積み重ねられてきた人々の知恵、工夫が詰まっているのです。私自身がこれまで訪れてきた中でも、とりわけ印象に残っているのが前章でもお話ししたエーゲ海の島々、サントリーニやミコノスの集落です。

サントリーニ島は、かつての大噴火によって水没した火山の外周部分が、海の上に残ってできた島です。旧《ふる》い火口である湾を、その奥にある港に向けて近付いていくと、湾を囲むように立ち上がった断崖の頂に、真っ白な住居群がはりつくようにして集落を形成しているのが目に飛び込んできます。そこには、崖を削り取り、洞窟をうがつようにつくられた家々が、地形に沿って折り重なるように立ち並んでいます。どれ一つとして同じかたちをしたものはなく、またそれぞれ思い思いの方向を向いており、非常に変化に富んだ印象を受けます。しかし、他のエーゲ海の集落と同様、ここでも、屋根、壁から道路まで、その集落内の人工物全てが、一様に石灰汁によって厚く塗り固められているため、遠目に見ると実に美しい、統一感が感じられるのです。さらに、崖ということで必然ではあるのですが、どの家もその窓を海の方に向けていることも集落の統一感を強めるのに一役買っているような気がします。これは元々、サントリーニを始めとするエーゲ海の民が全面的に海を原資として生計を立てていたことに起因するもので、常に海の様子を意識し続けざるを得なかったという生活の必要から導かれたものでしょう。そう考えると、何故あのよう

オストゥニの集落　イタリア、ムルギア地方（写真／世界文化フォト）

な断崖絶壁に人々が居を構えたのかも分かるような気がします。

集落の魅力の一つとして、集合として一つにまとまりながらも、あくまで一戸一戸の住居に個性があり、変化に富むということがありますが、エーゲ海の集落はその全体と部分との関係が特に絶妙です。

サントリーニの集落を歩いていて、また興味引かれるのが絶えずレベルを変化させながら、住戸の間をうねるように走る路地空間です。その全てが石灰汁によって塗り固められていますから、まるで一戸の建築物のような連続性があり、実に魅力的な迷宮空間が形成されているのです。

自在な集合の生み出す迷路状空間といえば、システルニノ、オストゥニなどの、イタリア南部ムルギア地方の村や町を忘れることはできません。小高い丘の上に、城壁に囲まれて、まるでその丘を埋め尽くすようにたちあがるその町の風景には、何度訪れても驚かされます。城壁内に入ると何本もの細い路地が曲がりくねりながら交錯し、町全体が文字通り一つの迷路になっています。その街路空間には、増殖するように積み重ねられた二階、三階部分へのアプローチとなる外階段、二階住戸バルコニーに架かるアーチなどが、まるで舞台装置のように設《しつら》えられており、時おりひらける小広場とともに町並みにアクセントが加えられています。また、路地はしばしば袋小路となって、そこが近隣住民のコミュニティ・スペース、数家族専用の戸外サロンのような役割を果たしています。地形的制約から、限られた土地の中で、町並みを発展させていかざるを得なかった人々にとって、まず優先すべきはこの戸外の共有空間であり、それぞれの住居自体は、広間と寝室からなる必要最小限のもので良いのです。

一つの共同体として、強いルールを持ちながらもそれぞれに個別性を持った住まいの在り方。敷地の持つ可能性を十二分に生かし道沿いに配された小広場やテラスなどの豊かな公共空間を実現する配置の規則。そこには現代集合住居の画一化、均一化といった問題から脱する手掛かりが、数多く詰まっています。

近代の集合住宅

集合住宅が都市居住形式として一般化していったのは、やはり近代以降のことです。工業化社会の到来によって急激な都市化が進んだ当時、大都市の密集を拡散し労働者に経済的、衛生的な住宅を提供することは社会にとって最も急を要する課題の一つでした。近代の建築家にとっても集合住居をいかにつくるかは時代を象徴する主題となり、一九二〇〜三〇年代にかけて特にドイツを中心として数多くの集合住宅が建設されていきます。それらが土着的な集落と根本的に異なるのは、理想的な住環境を合理性に基づき生み出そうとする計画概念が提示されていたことにあります。近代の集合住宅に関してかつてない理念を持ち込んだ試みの一つに、ル・コルビュジェのユニテ・ダビタシオンがあります。その第一作としてつくられたのが、一九五二年のユニテ・ダビタシオン・マルセイユです。

これは、ル・コルビュジェにとって初めて実現に漕ぎ着けた〈都市〉への提案でした。高層集合住宅を都市の主たる要素とした都市の在り方を提案していたコルビュジェの思想が、ここで見事に具体化されているのです。建物は鉄筋コンクリート造一八階建ての板状高層ビルといえるもので、そこに独身者専用から一〇人ほどの大家族用まで、実に二三タイプ三三七戸の住戸が計画されています。住戸は、基本的にメゾネットになっており、それらが中央の廊下を上下で挟み込むような断面構成になっています。

さらに住居に加えて店舗、レストラン等が併設されているほか、最上階には保育園が、その下には幼稚園がつくられています。また彼が五原則の中で提示していたように、屋上はプール、体育館、日光浴室といった様々な共用施設が組み込まれた屋上庭園とされ、住棟の足元は人々が自由に歩けるピロティとして建築から解放されています。それは集合住宅が一個の自立する共同体として構想された、まさに都市の中の都市と呼ぶのに相応しいものでした。

ユニテの思想はミースの高層建築とともに戦後を象徴する建築イメージの一つとなり、集合住宅の新しいプロトタイプとして世界中に広まりました。日本でも前川國男による晴海高層アパートなどがつくられましたが、とりわけその思想を固有の文脈に当てはめ、豊かな成果を挙げたのがアトリエ5による集合住宅、ハーレン・ジードルンクのように思います。これは、スイスの首都ベルン近くの豊かな森の中に計画された、斜面地における集住計画の先駆的な例です。個別の住宅が距離を置いて配された光景が当たり前の当時にあって、集約的な空間をつくることで残った森を保存するというコンセプトは非常に画期的なものでした。

ハーレンの何より優れている点は、斜面地を生かした巧みな公私空間の領域設定であり、それによって集まって住むことのメリットが最大限生かされている点です。豊かな集住を営む上で、共用空間の充実は確かに必然ですが、計画の根本に個人が据えられていなければ、ただのさびしい空間が生まれるだけです。ハーレンの場合、個人のスペースがきちん

ユニテ・ダビタシオン・マルセイユ　1952年。ル・コルビュジェ

ハーレン・ジードルンク
1961年。アトリエ5
(写真／アトリエ5)

と確保された上で、必要に応じたかたちで共同体としての生活を営めるシステムが予め考えられているのです。

集合計画と多様性

コルビュジェを始めとする近代建築家によって提出された計画概念に描かれているのは、健康な理想に満ちたユートピアとしての建築、都市です。それはある面では、混沌とした現実に対し可能な限りの解決法を与え、確かな成果を社会に残しました。しかし、また一方では図式的に過ぎる部分もあり、本来多様であるべき人々の生活を画一的な枠組みの中に押し込めてしまう一面もありました。

モダニズムの一義的な傾向に対し、住民参加による多様性と複雑性をプログラムの中心に据えたのが、ルシアン・クロールによる一九七四年のルーヴァン・カトリック大学医学部学生寮でした。彼はその建設に際し、住人である学生に参加を呼びかけ、彼ら自身に間仕切り、開口部といった部分のデザインを決定させたのです。それはコラージュの手法とでもいうべきものであり、ある意味で集落のつくられ方と類似したものです。

しかし、彼が建築家として何もしなかったのかというとそうではありません。彼は、まず基本となる枠組みとして、その基礎構造に厳密なモジュールを設定しています。それゆえ寮棟の間仕切りには不十分なものもあり、また外壁には統一性のない開口部がたち並ぶ

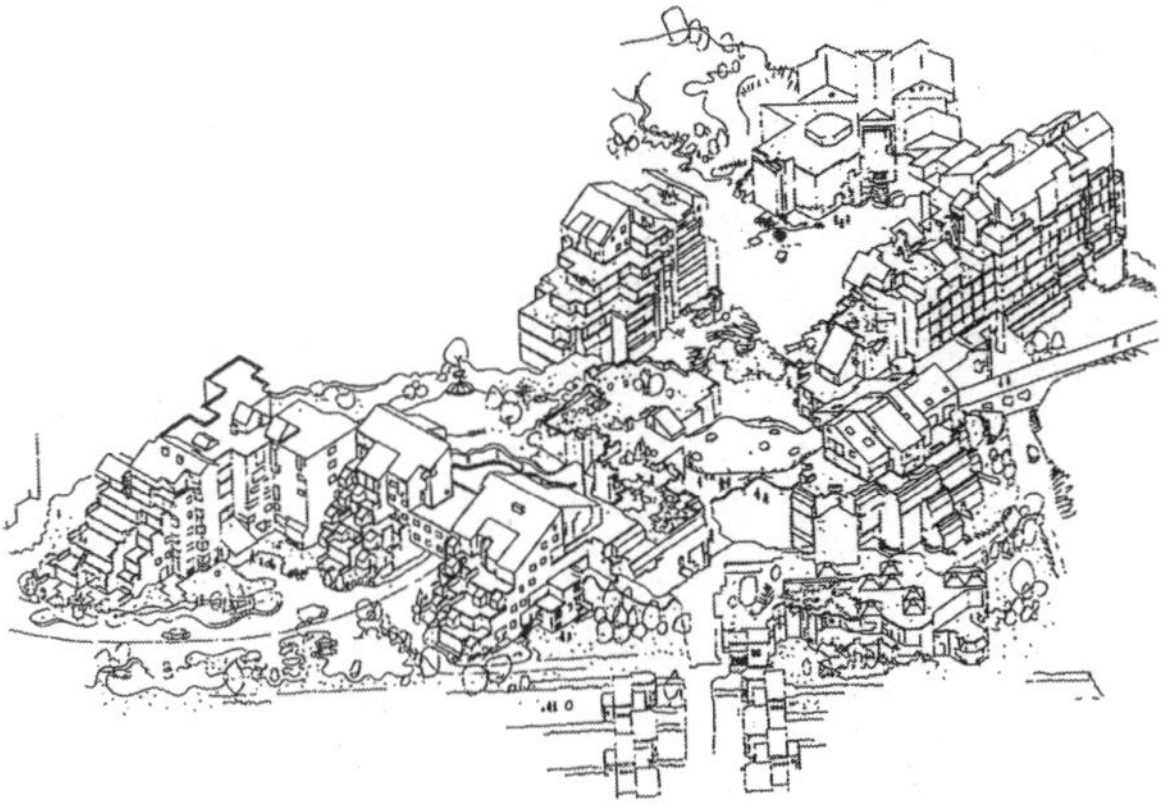

ルーヴァン・カトリック大学医学部学生寮　アクソノメトリック・ドローイング、1974年。ルシアン・クロール

ものの、全体として散漫になり過ぎることなく、あくまで変化に富んだ楽しげな雰囲気に仕上がっています。そこに表現された生活の多様さが、場に活気を与えているのです。

ルシアン・クロールと同じく、近代の集合住宅の持つ画一性に対し、多様な集住の在り方を模索する姿勢は、一九六七年のモシェ・サフディのハビタ'67にも見られるものです。これはモントリオール万博の目玉として建設された実験的な集合住宅計画であり、バックミンスター・フラーの同博覧会アメリカ館のドームとともに、当時の技術思想を知る上で大変重要な試みです。

ここでは、ユニット化された箱状のプ

レファブ住宅を基本単位としながら、その組み合わせによっては一六種類の住居タイプが可能となり、同時にその隙間として多様な共用空間が生み出されることが主張されています。サフディはそれを、エーゲ海の集落のつくられ方を現代的手法によって再生したものだと述べています。その成否はともかくとして、近代の集合住宅の単調な繰り返しに陥りやすいという傾向に対し、工業化構法を用いながらも各住戸ごとに個性をもたせようとしたサフディの試みは、現代集合住宅の在り方を考える上で、非常に意義深いものです。

戦後日本の集合住宅

日本に集合住宅という形式がもたらされ、建設されだすのは大正末から昭和の初め以降です。その初期における集合住宅建設の先駆けとしては、関東大震災後に設立された同潤会の試みがあります。建築界では、日本の集住で最も優れたものとして今なお同潤会アパートの名を挙げる人が少なくありません。それはたとえ欧米からの直輸入の形とはいえ、そこに何より集まって住む意味が、イメージとプログラムの両方において十分に考えられていたからだと思います。しかし残念ながら同潤会の実験的精神は、その後に継承され発展されることなく潰えていってしまいます。

戦後、日本住宅公団（当時）が設立されると、その供給する住宅が雛型となって各地に団地が建ち並ぶようになります。集合住宅建設が本格化し始めるのです。その出発点となっ

平行配置された日本の集合住宅（写真／都市基盤整備公団）

たのは、冬至四時間日照を条件とする平行配置という恐ろしく単純で貧しい論理でした。それが昭和三〇年代、つまり一九五五年ぐらいから公営・公団住宅において採用され、そのまま高度経済成長期を通じて日本の集合住宅の基本形をつくっていきます。

冬至の四時間日照、即ち冬至前後の日にも集合住宅に住む全ての人々に平等に日の光を保障し、良好な住環境を保障する。これが日本の集合住宅の平行配置と隣棟との距離を設定するときの基本的な考え方だったのです。それは確かに、戦後都市住民にある一定水準の住居を提供することには成功しましたが、一方では固有性や地域性といったものが無視され、徹底的に画一的な住環境がつくり出されてきました。他にも、非人間的スケールで街路空間を欠くといったような問題もあります。現在では、その在り方も反省され、画一性を打破しようとする試みがなされるようになってきましたが、いまだその思想は日本の集住における支配的な概念として根強く残っています。

そこには、経済の論理が最優先されてきたこととともう一つ、持ち家一戸建てにこだわり、特に南面に固執し続ける日本人の住宅観の問題が要因としてあるように思います。

日本では南向き崇拝とでもいうほどに、個人住宅、集合住宅に限らず部屋は全て南向きを良しとする傾向があります。そこには、人々の心の内にある日本の伝統的な住宅イメージが、根強く残っているような気がします。それはおそらくかつての書院造りのような、南側に庭があってそれを床の間からながめるといった性格のものです。しかし、これは庭と内部空間の密接な関わりを可能にする住まいの構えがあって初めて成立するものです。向こうに美しい庭でもあればともかく、平行に並んだ正面の建物の裏側が見えるだけの鉄筋コンクリート造のアパートで、なおこれに倣う意味がどれほどあるのでしょうか。

海外の優れた住宅などではいろいろな方位の部屋があり、人々はそれを楽しんでいます。その方が計画の自由度も高いのでより豊かな空間を生み出しています。例えば、パリにクリスチャン・ド・ポルザンパルクが七九年につくったオート・フォルム通りの集合住宅がありますす。そこではパリの典型的な街路、小広場といったイメージがそのまま住棟間の隙間として引き込まれているのですが、その空間が変化に富んで魅力的な分、各部屋の向き、

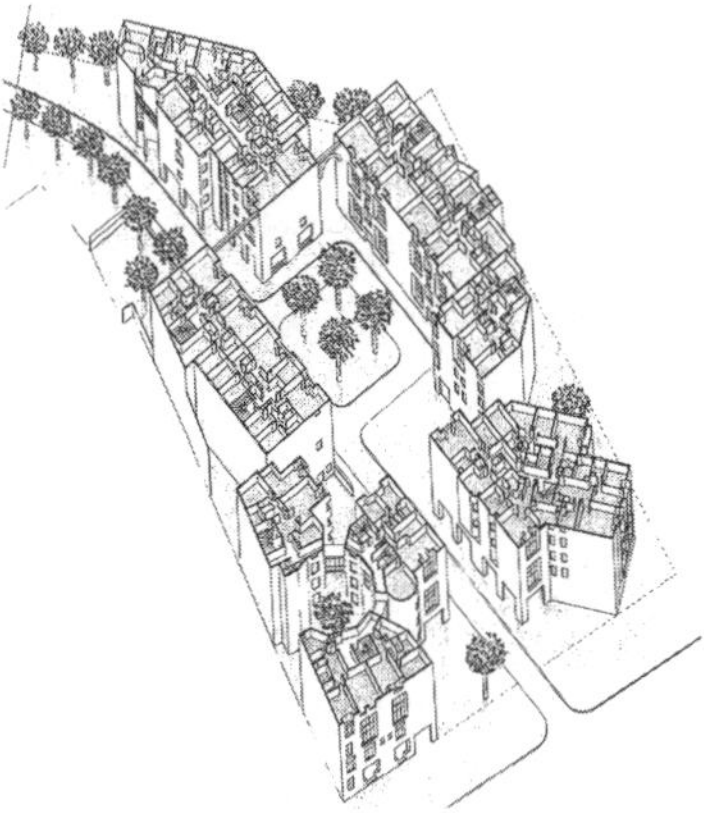

オート・フォルム集合住宅　アクソノメトリック・ドローイング、1979年。クリスチャン・ド・ポルザンパルク

位置等は住戸によって実に様々になっています。一八タイプの住戸に棟内の位置、向き、眺望に応じて一〇〇ものバリエーションが設定されているそうですが、これが実に面白い。同じ集合住宅でも、どの住戸を選ぶかによって、まったく異なる環境での生活が展開されるのです。これればかりでなく、パリでは集合住宅の優れた試みが、数多くあります。

パリは、集住文化の長い歴史を持つ都市です。古くから異なる階層の人々が一つのアパルトマンに混住し、それぞれに共同体が営まれてきました。彼らにとっては、同じ建物の中でもそれぞれが異なる水準、形式で住まうことが当たり前のことなのです。それは、自分なりの生き方を持つ〈個人〉がしっかりと確立されているからです。〈個人〉が確立されていなければ、豊かな〈公〉も成立しえないのです。

六甲の集合住宅

平行配置を基本とした戦後日本の集合住宅の、最大の問題点は土地の持っている意味を剥ぎ取り平均化してしまったことにあると思います。都市の拡張に伴い郊外に次々と進出していったニュータウン。その建設のために斜面状の敷地は表土を荒くさらわれ、次々と画一的な段状の宅地が造成されていきました。そこではサントリーニの集落や、ハーレンの集合住宅に見られるような、地形が本来的に有する無限の可能性が全く考慮されていないのです。

私が一九七八年から関わり続けている集住プロジェクト「六甲の集合住宅」は神戸、六甲山の山裾の傾斜地に位置します。神戸は、南に大阪湾、北に六甲山の迫る海と山に挟まれた東西に細長い地形にあり、そこに七本の川が流れるという非常に恵まれた自然条件にある地域です。近年ゲニウス・ロキ（地霊）や風水に関心が持たれるようになっていますが、ここは神戸を中心に古くから中国人が数多く住み暮らしていることからも分かるように、風水的にも大変良好な住環境だといいます。しかし、絶好な地理的条件に恵まれながらも、阪神間にその個性を活かしきった建物というのはそれほど多くない。そこで、六甲の集合住宅においては、この場所の魅力を最大限引き出し、文字通りここにしかできない

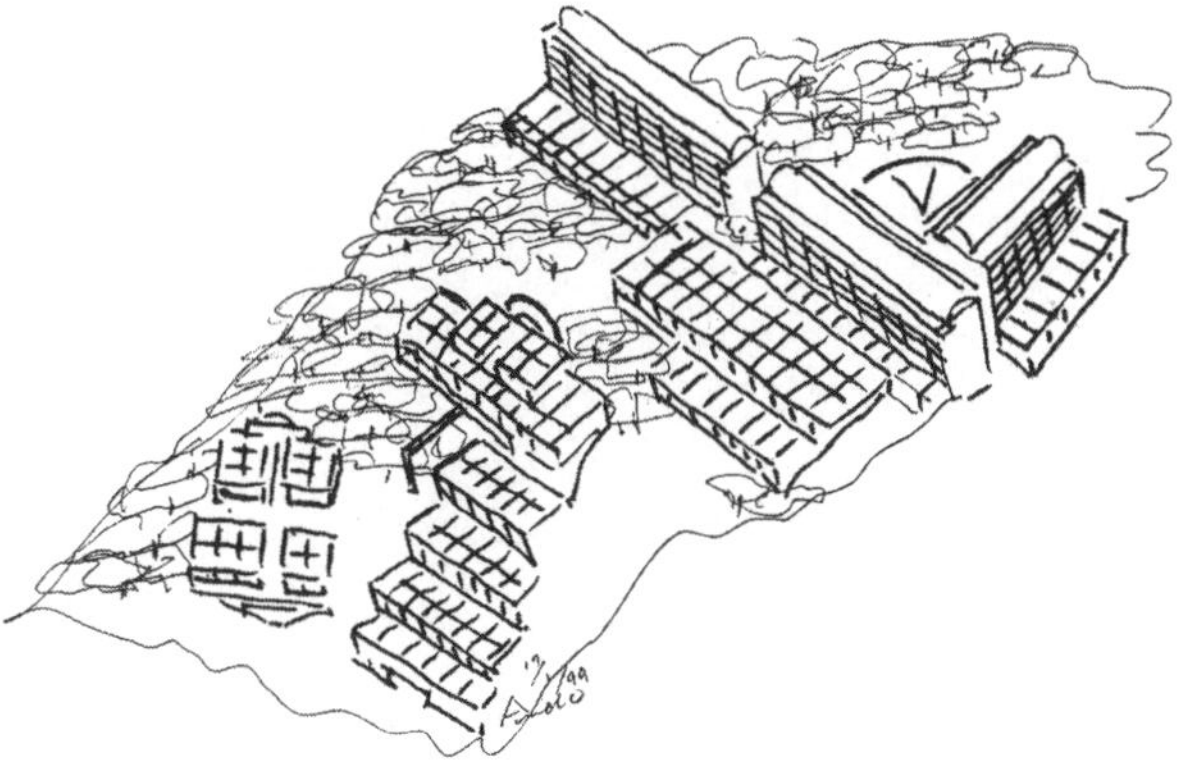

六甲の集合住宅　ドローイング

建物をつくろうと考えました。

集合住宅というプログラムに関しては、斜面を活かした各住戸ごとの個性とともに、住棟間の余白ともいうべき共用空間を何より変化に富んだ魅力あるものにしようと考えました。単なる通路や階段ではない、オストゥニの街路のように人々の日常の共同生活の舞台となる共用空間をつくりたかったのです。

そのような意図を実現する手段として、私が選んだのは等質なフレームによる構成を地形に馴染ませ、ずらしながら配していくというものです。ここでは急斜面の地形ゆえに、必然的にグリッドの立体的なズレが生じ、均質なフレームは場所によって異なる多様な住戸形式をつくりだします。

そのときグリッドのズレによってできる隙間をそこここに小広場や階段を持った路地的な共用空間として各住戸を結び付けること、また下の住戸の屋根は上の住戸のテラスとすることなどによって、一戸建て住宅にはない集まって住むことの豊かさを表現できないかと考えました。

住戸タイプ同様、共用部においても、階段、広場ともに一つとして同じ形、同じ大きさのものがないようにしました。それぞれがそれぞれの場所を選んで住むのだから、選んだだけの価値があるものを提供したいと思ったのです。

一九八三年にⅠ期が完成し、その後勝手に構想を始めていたⅡ期も八五年には実現に漕ぎ着けました。Ⅱ期においてはⅠ期の考え方を踏襲しながらも、その意思をより一層貫徹させようと共用空間の充実に努めました。一つは、Ⅰ期とⅡ期の間に設けた緑地公園です。これは四〇〇〜五〇〇坪の小さなものですが、両棟の関係性を明らかにするものでもあります。またⅡ期においては、住棟の最も条件の良い部分に共同のプール、アスレチックルームを設け、より活発な対話が住民の間に交わされるよう考えました。

一九九三年のⅡ期の完成前から、次なる構想をあたため、第Ⅲ期の計画を始めていましたが、それも九二年には具体化し、九九年ついに完成しました。現在また新たにⅣ期計画を構想しているところです。

私の建築を評して、それを批判的地域主義だといった人がいます。アメリカで活躍する建築評論家、ケネス・フランプトンです。[★1]彼は、モダニズムの進歩的な遺産については積極的に取り入れながらも、一方ではそれと距離を置き、地域性を体現する建築として、私の建築を評価しました。彼の思想全てに共感しているわけではありませんが、私自身にとっても、地域性の問題、そして自らの建築が社会へのクリティックたりうるかは、常に主題として頭にあるものです。

六甲の集合住宅においてはそれぞれに異なる状況の中で、まず個人を計画の根本に据えること、集まって住む意味があるものとすること、そして敷地の特性を活かした計画とすることを目指してきました。I期からII期、III期さらにIV期と連なる集住の風景が、周辺の自然、街並みをも巻き込む、一つの環境となっていくことを期待しています。

★1　ケネス・フランプトン　Kenneth Frampton（一九三〇―）、イギリス出身。建築史家。七〇年代よりC・N・シュルツの近代建築論を継承し、モダニズムからポストモダニズムまでの意義を批判的に再考している。著作に『近代建築』など。

P.50〜51　六甲の集合住宅I・II期　I期―一九八三年、II期―一九九三年（写真／新建築社）
P.52〜53　六甲の集合住宅II期　中央広場（写真／新建築社）

第3章　広場

人の集まる場

都市に住まう意味とは、人々が集まって生きているという、この一点にこそ集約されるものです。その都市の中で、人々が繰り広げる多様な社会活動の受け皿となる場——それが〈広場〉です。

西欧の諸都市、とりわけイタリアの街には魅力的な広場が数多くあります。政治、宗教、商業、祝祭といった共同体に必要な社会的機能を担う広場は、市民の生活に欠かせないものとなっています。そのような〈公〉の空間としての広場は、日本の都市がついに持ち得なかったものです。

かといって日本に人の集まる場所がなかったわけではなく、西欧の広場に代わる戸外空間としては路地、神社の境内、橋のたもとなどがあります。しかし、かつては日常目にすることができたこのような集いの場も、都市化が進むにつれて急速に失われつつあります。現代日本の都市で公的な場を求めるならば、公共の施設よりも、むしろ商業施設の階段や通路やアーケードといった部分の方に〈広場〉的なものを感じます。また、古くから水に近い所で生活してきた日本の風土を考えると、都市の水際空間にも大きな可能性があるように思います。

社会の高度情報化が進む一方で、人々の孤立化が大きな社会問題となっている現在、必要なのは人々が集い身体感覚を通じて共同体意識を確かめられるような場所――広場です。

ヴェネチアの光と影――サン・マルコ広場と迷宮空間

ヴェネチアを初めて訪れたのは一九六八年、二度目の渡欧の折です。その海上都市と呼ぶに相応しい不思議な地で営まれる人々の生活と水との深い関わりには心底驚かされました。

マルコ・ポーロ空港に到着するとそこから水上タクシーにのり、かつての貴族や豪商の館が美しくたち並ぶカナル・グランデ（大運河）を巡って、そのままホテルのロビーに降り立ちました。実際にヴェネチアの都市の中を歩いてみると、カナル・グランデを始めとする運河が、いかに合理的に計算された人工的な所産であるかが分かります。自然発生的にできたかに見えるこの都市は、実は何世紀にも及ぶ人々と水との闘いの末に勝ち取られた、全くの人工の都市なのです。

運河を巡り、パラディオのイル・レデントーレ、サン・ジョルジョ・マジョーレ寺院などを横目にヴェネチアの中心部へと近付いていくと、高くそびえる塔を中心に右にパラッツォ・ドゥカーレ、左にサンソヴィーノの図書館が、海上の市門として人々を迎え入れてくれます。その内側に、制作年代も様々な建物によって取り囲まれてサン・マルコ広場はあります。

その中で一日過ごしてみると、広場が時間の推移と共に異なる様相を呈し、実に多様な表情を見せることに驚きます。朝は閑散としていた広場も、昼頃になると次第に活気に満ち、観光客も含めた人々の賑わいが場を華やいだ空気にしていきます。夕刻になると、広場の雰囲気も徐々に落ち着き、アーケードでショッピングを楽しむ観光客ばかりが目につくようになる。かと思うと、パフォーマンスに興じる人々の輪が突如出現し、再び広場が嬌声に包まれる――といった具合に、広場では人それぞれのドラマが演じられており、それらが重なり合い見る者の心に語りかけてくるのです。

サン・マルコ広場は、中世にその原型が形作られて以来、政治、宗教、経済、文化といった公の生活の一切が集約されてきた場所です。宗教的な行事、他国からの貴賓使節の来訪といった歴史上のドラマが、現実にこの広場を舞台に演じられてきました。何世紀にもわたって建設されてきた広場を取り巻く建物には、その長い歴史の跡が刻まれています。市民が一堂に集い興じるマスカレードなどの祝祭や見世物が繰り広げられるのもこの広場です。

ヴェネチアには、サン・マルコ広場のような光溢れる表の顔がある一方で、その背後には迷宮的な街路空間が広がっています。小運河、橋、トンネル、小広場といった多彩な要

サン・マルコ広場
（写真／安藤忠雄建築研究所）

素が織り成す変化に富んだ空間は、表の〈光〉に対して〈影〉というのに相応しいものです。狭い路地を抜けると光に溢れた広場が忽然と広がる、といったような劇的な空間体験もこの街ならではのものです。

そもそもこの街には、都市の全体計画というものがなく、それぞれの島で独自に形成されたがために、文字通り部分からの発想によって、都市がつくられてきたのです。ですから、実に人間の身体感覚に合致したスケール、構成が街に生かされており、そこここに親密な小広場がつくられています。華やかなサン・マルコ広場とともに、このような日常的な生活広場のネットワークがヴェネチア市民のくらしを支えていることも忘れることはできません。

都市の舞台装置

私達が普通考える広場とは、戸外の空間を利用しやすい気候風土にあった、地中海の都市文明から生み出されたものです。その原型を、古代ギリシャ都市に営まれたアゴラ、古代ローマのフォーラムに見ることができます。

特に旧い歴史をもつイタリアの都市にはすぐれたものが多く、それぞれに歴史の年輪を刻み込んだ美しい広場が都市の核として営まれてきました。それはもともと、市民の生活を支えるものとして自然な形で生まれたものでしたが、時代が進むにつれて、徐々に都市デザインに関わる象徴的な空間としても重要な意味を持つようになります。広場を含めた都市デザインが、まるで舞台装置のようなつくられ方をしていくのです。

そのような都市整備が行われるようになるのは、ルネサンス期のローマからです。私達が今見るナヴォナ広場、サン・ピエトロ広場、ポポロ広場といった美しい広場の多くは、すべてこの頃に整えられたものです。その中でも、特に日本人にも親しみ深いのは、映画『ローマの休日』で有名なスペイン広場でしょう。

この広場の正面を飾る階段は、まさに舞台装置というに相応しいものです。ここでの階段は、本来の異なるレベルをつなぐという機能を超えて、広場の背景としての役割を果た

スペイン広場
ローマ（写真／世界文化フォト）

しています。逆に、階段を上りそこに立つ人にとっては、階段が都市を眺める観客席になります。つまり、この階段は人々のありとあらゆる行為を包み込んだ劇場そのものなのです。

階段は、イタリアの広場や建築に独特の味わいをもたらす重要な要素であり、空間に変化とふくらみを与えるのに欠かせないものです。スペイン広場は、この階段の楽しさを満喫するための建築なのです。

劇場的な広場空間をあげるならば、フィレンツェに近いシエナにあるカンポ広場を忘れることはできません。イタリアの数ある歴史的な広場の中でもとりわけ整った美しさを見せている例の一つです。

三本の尾根道が合流するすり鉢状の敷地につくられたこの広場は、まるで貝殻のような形をしています。連続する壁面で囲われたその空間には、広さゆえの開放感と同時に、囲われているがゆえの心地よい集中感があります。広場を取り囲む建物は、一番低くなったところにある市庁舎以外すべて民間の所有だといいますが、そのファサードが全て市庁舎のそれに合わされています。ここでは、広場を美しくするための共通のルールが敷かれているのです。

パリオと呼ばれる競馬が行われることで有名なこの広場は、サン・マルコ広場同様、常に祝祭や公的な儀式の中心となり、都市のドラマが演じられる舞台でした。広場のはっきりとした輪郭を守る建築のルールも、人々にこの広場を舞台として捉え、完璧な舞台を形づくろうとする意識があってこそのものです。

都市の居間――広場と公的精神

リング・シュトラーセが建設された一九世紀後半のウィーンにいて、『広場の造形』を著したカミロ・ジッテは、当時の都市改造によってつくられる幾何学的な大通りや広場を批判し、カンポ広場に代表されるような中世の広場がいかに美しく、豊かなものであったかを世に訴えました。

確かに、ルネサンス以降の広場が権威の象徴として幾何学的な秩序を重んじてつくられ

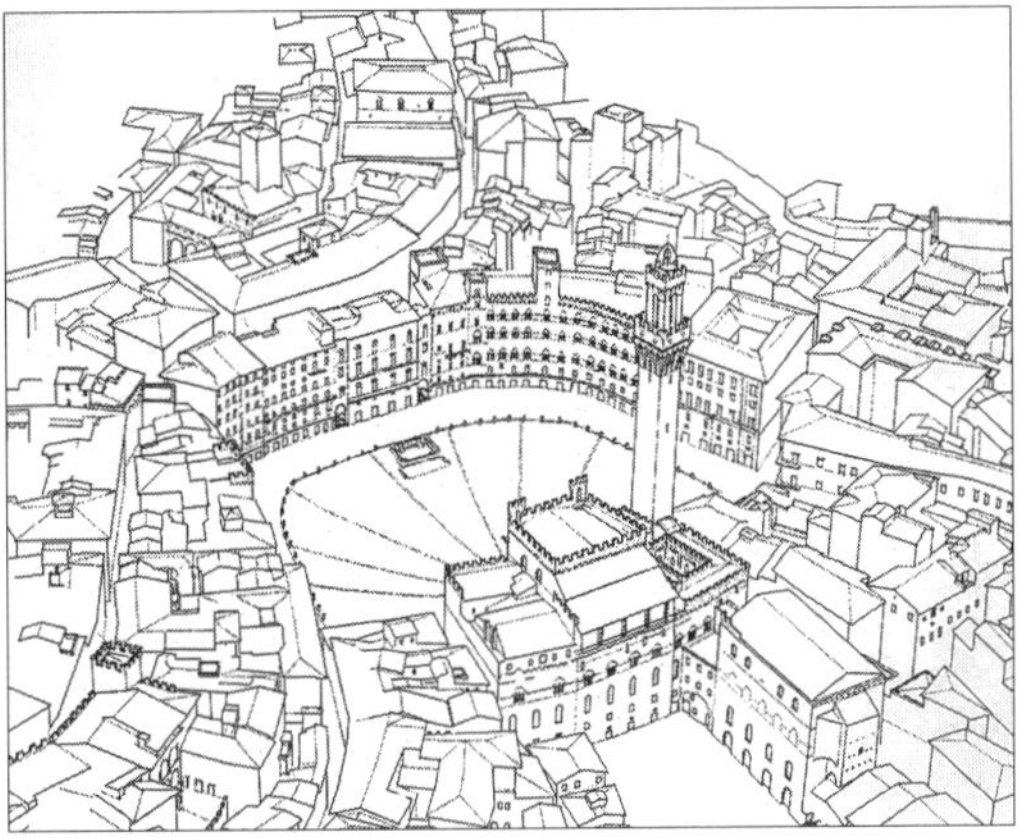
カンポ広場　鳥瞰図

ているのに対し、中世の広場は市民生活の必要から生まれたのに、あくまで経験的、身体的な感性に基づき人々が素朴な感動を得られるよう造形されています。その最たる特性は、広場を取り巻く壁の存在がより意識的に扱われている点です。無論、ルネサンスの広場においても空間は閉じて完結しているのですが、中世の広場では不整形なものが多いため、より一層その傾向は強調されて感じられるのです。

この広場を囲い取るという意識こそが、西欧の広場の本質であり、また日本の都市が西欧的な意味での広場を持ち得なかったゆえんです。西欧の人々にとって、広場とはいわば戸外の居間でした。居心地の良い居間として成立するためには何よりそれが空間として意識されるよう、明快な領域が設定されていなくてはなりません。それゆえ周囲は連続した壁面によって囲われる必要があったのです。

その意識は、ルネサンス以降になると建築の内部と外部とを切り離して考える、すなわちファサードを街路や広場の壁面を形成するものと区別して考える思想へとつながっていきます。

ルネサンス以降のヨーロッパにおいて広場の整備とは、広場ファサードの整備を意味しました。例えばルイ一五世治下のパリでつくられたヴァンドーム広場などは、ファサードのみをまず建設し、その後に背後の土地付きでそれを分譲したといいます。

ミケランジェロのつくったローマのカンピドリオ広場も、ファサードを整えて広場を完成させる手法の典型的な例です。この広場は、遠近法の手法により舞台装置的な錯覚効果が追求されたバロック的な広場の先駆けと称されるものです。ここでミケランジェロは広場の象徴性を強めるために、広場平面、アプローチ階段に逆パースを利用するとともに、地形を生かしたゆるやかな起伏、台座に置かれたマルクス・アウレリウスの騎馬像、楕円形のペイヴメントといった様々な要素を組み合わせて、広場を構成しているのですが、そのとき背景にあった既存の建物に関しても、そのファサードのみに手を加え統一感のある表現に変えることで、より劇的な空間演出に成功しています。

もちろん全てが全て、このようなつくられ方をしたというわけではありません。しかし、ヨーロッパの都市にとって広場という空間が、常に意識的な構築によって生み出されてきたのは確かなことです。

一方、日本の広場を考えてみると、確かに日本には西欧的な意味での広場はつくられてきませんでした。そもそもヨーロッパの市民社会の成立と事情を異にする日本では、都市の核となる象徴的な存在としての広場は必要とされなかったのでしょう。

しかし、現代の日本の都市では過密な生活環境に対しゆとりの空間が渇望されているにもかかわらず、高密度化は進む一方であり、また辻のよどみ、路地のふくらみ、井戸端、神社の境内といった、かつてあった日本なりの集いの場も失われる傾向にあります。

西欧の広場から私達が学ぶべきは、その造形手法ではなく、それを求め、使いこなしてきた市民の公的精神です。都市に集まって住む豊かさを与える広場とは、まず確立した個があり、さらに共同体の一員としての公の意識があって、初めて成立するものです。人々が意識を変えていかなければ、豊かな広場をつくることはできませんし、またつくったとしても社会に生かしていくことはできません。

新しい街路空間

現代日本の都市で、公的空間としての広場は、皮肉にも商業施設の中で見出されるものになっています。その典型が、いわゆるアーケードです。

アーケードの起源の一つは、一九世紀前半のパリにあります。産業革命で登場した鉄とガラスを活用して、光溢れるアーケードの道が数多くつくられたのです。そこには店舗やレストラン、劇場などが配され、新しい時代の街路空間として当時のパリを席巻しました。

同じ頃、ロンドンでは街路ではなく博覧会建築や駅舎建築に用いるものとして、鉄とガラスの技術革新が進められており、その成果として一八五一年、ジョセフ・パクストンによってクリスタル・パレス（水晶宮）がつくられました。

一九世紀後半になると、パリから西欧各地に広まっていたアーケードに、水晶宮に始まった新しい技術が取り入れられ、かつてない広場や界隈全体を覆うガラス屋根のアーケードがつくられるようになります。そのアーケード建築の精華といえるのが、イタリア・ミラノの、ドゥオモのすぐ左手にあるヴィットリオ・エマヌエレ二世のガレリアです。広場の造形に長けていたイタリア人だったからこそ、舞台装置そのものというべき、ガレリアを生み出しえたのでしょう。西欧の重厚な石と煉瓦の街に、軽やかな鉄とガラスの空間を挿入するという、一九世紀以来のこの都市再生の手法は、現代建築家の仕事の中にも確実に生き続けているような気がします。

ヴィットリオ・エマヌエレ二世のガレリア（写真／世界文化フォト）

隙間からの発想

長い間、商業建築は消耗品であるという考えが一般的でした。しかし現実には、都市の中で人々が最も多く触れる機会を持つのは商業建築です。子供達にしても、かつてのような生活広場が失われた今では、商業施設こそがそれに代わるおもしろい空間体験のできる場所です。私はそれを都市のストックと考え、商業施設を通じて都市に公的空間を生み出す試みをこれまで続けてきました。建物の通路や階段といった部分を豊かなものとすることで、小さいながらも〈広場〉を都市に生み出していこうと思ったのです。たとえ小さくても、それを都市のあちこちにつくっていくことでヴェネチアのような小広場のネットワークを生み出したいとも考えていました。

一九八八年に完成したガレリア・アッカは、大阪ミナミの、雑然とした繁華街に計画された商業ビルです。ここでは、一見こぢんまりとした佇まいの建物の内に、予想を超えた垂直型の立体迷路のような空間をつくりだすことを試みました。日常性の中に非日常性をもつ空間を挿入することで、街を活性化する刺激になればと考えたのです。屋根には、すりガラスのアーケードを架けています。

また人々の集まる場として、私は都市の水際空間に大きな可能性を感じています。京都の高瀬川に面してたつ商業施設、タイムズⅠ&Ⅱを計画した際には、建築に川の流れを取り込み、そこにしかできない場所をつくることで街全体に働きかけていく建築の在りかたを考えました。

高度経済成長期以降の日本では、川ばかりでなく海と生活との距離も随分遠く隔たってしまったように思います。人々が海に触れられる場所が都市にほとんどないのです。サントリーから大阪湾に面する天保山に美術館をつくりたいとの依頼を受けたときすぐに頭に浮かんだのは、西に沈む夕日を背景に水と戯れる人々の集まる光景でした。護岸を挟んで管轄が複雑に入り組む敷地で、このイメージを具現化するには大変な苦労がありましたが、方々を説得してまわり、何とか美術館の前面にマーメイド広場と名付けた親水広場をつくることができました。

サントリーミュージアム［天保山］　美術館前のマーメイド広場、1994年（写真／大橋富夫）

社会の情報化が進む一方の現在、人間同士の結び付きが急速に失われつつあり、社会全体が言いようのない不安感に包まれているように感じます。今こそ人々が、対話し互いの存在を確かめ合える広場が必要なのです。

P.68　ガレリア・アッカ　通路部分　P.69　地階広場、一九八八年（写真／新建築社）
P.70〜71　タイムズⅠ&Ⅱ　Ⅰ—一九八四年、Ⅱ—一九九一年（写真／新建築社）

第4章　都市I――二〇世紀の夢

マンハッタン――二〇世紀最大の遺産

二〇世紀は、都市の時代でした。産業革命に端を発した工業化社会の成立、フランス革命に象徴されるような封建制度の崩壊。社会は大きくその在り方を変え、人々は豊かさを求めて競うように都市へと集まるようになりました。しかし、限られた場所に多くの人々が住み、暮らせば、そこには必然的に数々の矛盾が生じてきます。スラム、環境破壊、流行病、犯罪。それでも都市にひかれ、都市に生きることを選んだ人々は、安全で快適な生活を得るための闘いを始めました。二〇世紀とは、人間が持ち得る限りの技術、知識を傾けて都市を制御しようとした時代ともいえるのです。

ニューヨークのマンハッタンは、純粋に近代の論理に拠って構築された初めての都市であり、近代文明の生み出した究極の造形ともいえるものです。マンハッタン島を外から眺めると、その高層ビルの林立する光景はあまりに凄まじく、とてもそこに人間が住めるとは思えない。しかし、一歩足を踏み入れてみると、意外と快適な環境が形成されていることに驚きます。それは、この都市に生き、常に「今」以上の豊かさを求め続けた人々が、苦闘の末にかちとったものです。それゆえにマンハッタンは都市というかたちで集約化さ

ブルックリン・ブリッジを挟んで対岸から見る摩天楼　写真は2000年当時（写真／ＡＰＬ）

れた、二〇世紀に人間が成し得た技術的、社会的成果の結晶と見ることができるのです。

　私が、初めてアメリカを訪れたのは、一九六七年の夏です。西海岸をさまよった後、グレイハウンド・バスに乗り込み、行けども行けどもほとんど変わらない風景の中をひたすら走り続けました。一週間目にようやくニューヨークに辿りつき、近代黎明期の技術の粋を集めて架けられたブルックリン・ブリッジ越しに、マンハッタンの摩天楼群を目にしました。周囲が夕焼けに染まり出した時分の、ぼんやりとシルエットだけを浮かび上がらせた幻想的で力強いその存在に、私は圧倒されました。あのときの感動は今も忘れません。

まず有名なエンパイアステートビルの屋上に登りましたが、眼下に広がるダイナミックな光景には驚きを通り越して不思議な感慨を覚えました。アール・デコ様式の艶やかなクライスラービルから、ミース・ファン・デル・ローエ、ワルター・グロピウス、SOMといった近代建築の巨匠の残した鉄とガラスの高層建築まで、このおよそ一〇〇年間につくられた建物ひとつひとつが、実に多様な表情をもって、競い合うかのように林立しているのです。一九世紀初頭に敷かれた、グリッド状の街路は、「最小の制限によって、最大限の自由を」という、徹底した実用的見地からつくられたものです。このグリッドによる規則性（枠組み）が、逆に個々の建物を自立させデザインの自由度を高くしているように思います。驚いたのはこの都市の中央部に位置を占める、総面積三・四平方キロもの公園、セントラルパークの存在でした。都市公園という意味では、他にも高層ビルの狭間につくられたポケットパークがあり、その人工と自然との劇的な対比が、マンハッタンの大きな魅力の一つになっています。マンハッタンは、果たしてどのようにしてつくられてきた都市なのでしょうか。

摩天楼の誕生——建築と技術

数ある摩天楼の中でも、そのシンボルとしてとりわけ人々に親しまれているのが一九三一年のエンパイアステートビルです。一〇二階建て、高さが三八一メートルという、当時の技術的限界を突き詰めた高さは、竣工時より約四〇年間にわたり、高さ世界一の称号をほしいままにしました。

エンパイアについて、驚くべきはその工期の短さです。一九三〇年一月の着工から一九三一年五月の竣工まで、わずか一六ヶ月間という驚異的な速さで工事は完了したといいますから、一〇二階の鉄骨工事を実に一二ヶ月間ほどで完成したことになります。

工期短縮が可能となった背景として、一つには設計段階で建設部材のプレファブリケーション化[★1]が徹底されたことが挙げられます。建築生産の工業化、量産化につながるプレファブは、近代建築を考える上で非常に重要な概念ですが、エンパイアステートビルは、プレファブ工法が大がかりかつ徹底的に採用された最初期の事例なのです。

無論、そのような技術的問題に加えて、近代という時代の勢いのようなものが後押しとなったのでしょうが、建築を考える上で、やはり技術の問題は大きい。高層建築が成立し得たのも、鉄、コンクリート、ガラスといったような新しい素材と、新しい建築技術があったからこそです。

高層ビルの基盤となったのは、エレベーター[★2]、そして架構式構造の技術です。それらはともに、一九世紀末に、既に実用の可能性を探られていたものです。その技術が組み合わされ、現在の高層ビルの原型となるものが最初に生まれてきたのは、一八七一年の大規模な火災（シカゴ大火）に見舞われたあとのシカゴの地においてでした。その再建の過程で、後にシカゴ派[★3]と称されるL・B・ジェニー、その弟子であるD・H・バーナム、L・サリヴァンらが、耐火鉄骨架構式構造を基本とする高層建築技術を完成させるのです。それが今世紀初頭にシカゴから米国全土に広がっていく中で、ニューヨークの摩天楼ラッシュが始まったのです。

高さへの挑戦——熾烈な高さ競争

エンパイアステートビルの計画された一九二〇年代、アメリカは、第一次大戦後の大繁栄の時期にあり、高層建築ブームの真っ只中にありました。成功を収めた企業家達が、都市を舞台に熾烈な高さ競争を繰り広げていたのです。この時期を境にニューヨークの都市光景は一変します。考えてみると、高層建造物は、古くから、例えば塔という形式で、あらゆる場所、条件のもとで建てられてきました。南アラビア・シーバムにある土の摩天楼、イタリア・トスカーナの丘陵地にある塔の町サンジミニアーノなど、「何故このような造形物が、このような場所に」と思うような建物が世界には多々あります。

高層建造物のつくられる背景には、まず第一に、土地の高密度利用という機能的要求が挙げられます。近代においては産業革命以降の都市への人口集中、そして新たに生まれたオフィスビルが社会において急速にその重要度を高めていった結果、建物は必然的に上へ上へと増殖していかざるを得なかったのです。しかし建築とは、そうした機能面のみから

土の摩天楼　イエメン、シーバム（写真／小松義夫）

生まれてくるものではありません。サンジミニアーノにしても、マンハッタンにしても、建築の高さが、他を圧倒する象徴性を体現しうるものだったからこそ、人々はあれほど高さに固執したのです。

当時の凄まじい高さ競争の様子を、最も良く伝えているのが、クライスラービルにまつわる、高さ世界一交代劇の逸話です。

世界一を目指し計画されていたクライスラービルは、設計当初、七七階建ての二八二メートルでした。しかし、同時期に建設中の他のビルが、自分達より上をいっているという情報を嗅ぎ付けた関係者は何とか世界一をものにしようと、密かに新たな尖塔部分を組み上げそれを竣工間際に取りつけるという詐欺師まがいの方策にうってでます。これによってクライスラーは一九三〇年、エッフェル塔をも一気に抜き去る高さ三一九メートルという世界最高記録を打ち立てるのです。しかし、その世界一の座も、僅か一年足らずで、エンパイアステートビルの三八一メートルという高さによって凌駕されることとなるのです。この本当のような冗談のような話から、当時の時代の気分とでもいったものが良く分かります。

アール・デコ様式

企業家達の繰り広げる、高さをめぐる競争に拍手を送ったのはこの時代に登場した「大衆」という観客です。「大衆」の目を歓ばせるためには、物理的に高いだけでなく、形態的、感覚的にも高いものでなければならない。従って、高さを視覚的に強調するために、建物には先細りの形態が与えられ、頂部には鋭角的な尖塔が添えられるようになります。そして、その表層を覆うデザインもまた、人々が共感できる時代の空気を反映したものである必要がありました。そのとき都市的感性をまとった装飾様式として登場し、一世を風靡したのがアール・デコ様式です。★4

アール・デコ様式の傑作を一つ挙げるならば、その高さとデザインの質において、クライスラービルをおいて他にはありません。外壁を覆う銀灰色のタイル模様、ジグザグ模様が日輪状に描かれ、ステンレス鋼で輝かしく包まれたドーム、翼の生えたラジエーターキャップといった、自動車をモチーフとした幾何学的装飾パターン。金属光沢によって重量

クライスラービル（右）とエンパイアステートビル　塔上部分
（写真／ＡＰＬ）

感から解放され、滑らかな運動性を感じさせるそのフォルム。自動車やテレビ、ラジオ等の新しいメディアの出現、ジャズに象徴されるような大衆文化の感性が、見事に映し出されています。その様は、まさに時代の生んだ建築というのに相応しい。

そのアール・デコも、近代主義が成熟するにつれ、次第に影をひそめ、その後は、現在の高層ビルデザインにつながる無表情な箱型ビルが続々と建てられていきます。しかし、どれほど高いビルが建てられようとも、マンハッタンで人々が心惹かれるのは、クライスラービルでありエンパイアステートビルです。あの存在感、生命力の源は何か。そこには、現代のような顔の無い社会組織ではない、あくまで自らの手で財を築き上げた企業家個人によって建てられたものだということも関わっているでしょう。個人の欲望、つくることへの思いが、建物一つ一つに命を吹き込んでいるように思えるのです。日本の新宿新都心のようなただ空間の大量供給を果たす目的で建てられた高層ビル群では、そのような生命力は生まれません。

都市との格闘

急激な都市への人口集中、産業構造の変化、土地の高密度利用を可能とする技術の進歩を背景として、マンハッタンの摩天楼は生まれてきました。しかし、この場所が人々が集まって生活できる都市として成立し得たのは、一方で都市空間を快適なものにするための、都市計画や関連法の策定、公共空間の確保といった、人々の努力があったからこそです。

セントラルパークは、一九世紀半ば、都市化の一途を辿る島の環境に危機感を覚えた人々の自然を求める声から計画されたものです。東西に八〇〇メートルというこの広大な緑地が、ニューヨークという超近代都市につくられ、今も存在しているという事実は奇跡とさえ思えます。計画にあたったフレデリック・ホルムステッドは、「貧乏人も金持ちも、誰もが都市にいながらにして緑を味わい、清潔な空気を吸える〈都市の肺〉を……」という世論を受け、一八五七年から一六年もの歳月をかけて見事その期待に応える人々の憩いの場をつくりあげました。公園の東西を巧みに立体交差させて結ぶ、横断道路トランスヴ

セントラルパークと摩天楼（写真／ＡＰＬ）

アースなどを考えてみても、ホルムステッドがいかに都市における自然を大事に考えたかが良く分かります。現在、鬱蒼と樹木の生い茂る森が犯罪の温床になっており、とりわけ夜の危険性が言われることが多いセントラルパークですが、二〇世紀の都市発展史上、稀に見る大英断であったことには変わりはありません。

都市の高層化と高密度化が進めば、当然のように、採光、通風といった生活環境は悪化していきます。ニューヨーク市当局は、高層化が始まった一九一〇年代、既に環境問題に対処するための各種法律の策定を開始していました。その最初の成果が、一九一六年のゾーニング法です。[★5]

ゾーニング法は、今日でいう道路斜線制限の考え方を基本に用途地域指定などを含めてまとめられた都市、建築の法的規制の原点となるものです。しかし発布当時は、この新たな形態規制の中でどのようなヴォリュームが生まれてくるかは、誰一人予想できていなかったといいます。後の数年間は多くの建築家によって、新たな高層建築の姿に関する様々な検討がなされました。その中で最も有名なのが、一九二二年「新しい建築」という小論とともに発表された、ヒュー・フェリスのドローイングです。[★6] そこにはゾーニング法下で生まれる新たな高層建築の姿が、重厚な表現をもって、劇的に描き出されていました。

それから一〇年後、マンハッタンはフェリスの描いた通りの街となるのです。一九二〇年代から三〇年代にかけて、つくられた華やかな摩天楼群はまた、人々が都市に生きるためにつくりだしたルールの最初の成果だったのです。

建築から都市へ——モダニズムと都市の公的空間

ゾーニング法の制定と相前後して、都市の在り方に対し、新しい提案がなされるようになります。建築スタイルの面では、アール・デコ様式の持つ象徴性に対して均質性を標榜する高層建築案、経済の欲するままに建物が乱立していく当時の状況に対しては、計画性をもって都市に臨む都市計画案が、当時まだ都市の高層化現象が顕著ではなかったヨーロッパの前衛的建築家によって提出されたのです。まず一つは二〇年代、ミース・ファン・

ヒュー・フェリスのドローイング（National Design Museum）

デル・ローエが発表した一連のガラスの高層建築案です。鉄骨骨組構造で支えられた積層空間をガラスのカーテンウォールによる皮膜が包み込むさまを描いたそのドローイングは、今日の私達の周りにある箱型の高層オフィスビルの原点となったものです。

ミースが、鉄とガラスの摩天楼案を発表した翌年の一九二二年、「三〇〇万人のための現代都市」と題した都市計画案の中で、計画的な高層建築の建設を訴えたのはル・コルビュジェでした。一九三〇年代に初めてニューヨークを訪れた際、彼が残した「アメリカの摩天楼は小さ過ぎる」という言葉の意味するところは、高層化の意義を、建築を集約化することでより大きなオープンスペースを都市に生み出すことと考えた点にあります。

高層建築が、単体の建築を超えた都市的な観点からつくられた最初の例は、一九三三年に完成したロックフェラーセンタービルです。デザイン的には、アール・デコ様式の建築ですが、不況下の雇用創出事業としてつくられたこともあって運営計画が綿密に立てられたのと、多目的娯楽ホールや巨大映画館、屋外スケートリンクが組み込まれているなど、公共の福祉に配慮した設計がなされていました。その結果生まれたのがサン・プラザや五番街からのプロムナードなどの広場空間と一体となった、都市複合施設の先駆けともいうべき建築群です。しかし、このような試みも、当時においてはあくまで例外的なものであって、都市的な広場を伴った高層建築が一般化されるのは、第二次大戦後を待たねばなりませんでした。

規模、デザイン、更に建物足元の広場といったあらゆる面において、新たな高層建築の在り方を提示するモダニズムの摩天楼の登場は、一九五〇年代の、SOM設計によるレヴァーハウス（一九五二年）、ミース設計のシーグラムビル等によって実現されます。その後は、植栽を施した高さ四〇メートルのガラス張りのアトリウムのつくられたフォード財団ビル（一九六七年）や、敷地の大部分がオープンスペースとして解放されるほどの巨大スケールのピロティを設けたシティーコープセンタービル（一九七八年）など、新たな都市の公共空間の獲得を試みる動きが現れ、高層建築足元のオープンスペースは、近代都市を象徴する広場となっていきます。

一九九一年に発表した私の京都駅コンペ案における都市広場もまた、そのような流れを受け継ぎ、都市に求心的な、人の集まる場をつくろうと考えたものです。まず、プログラム上、巨大スケールとならざるを得ない新京都駅のヴォリュームが京都の街を南と北に分断しないよう、中央にヴォイドを穿ち、市街南北の連続性を保ちます。その際、敷地にかつてあったという羅城門に倣い、ゲートをかたどるような形態を意識しました。このゲートの足元、操車場の上を完全に屋上庭園にして一面に桜の木を植え、これを「平成大庭園」と名付けました。駅前面に常時開放された大型の市民広場をつくるというのが計画の主なコンセプトだったのです。

技術の粋が結集された摩天楼の数々と、セントラルパークから、近代高層ビル足元の広場に至るグラウンドレベルの公共空間。マンハッタンには、二〇世紀都市のたどった技術的、社会的発展の成果が、最も直截な形で現されています。それは、二〇世紀の人々が描いた夢が詰まったものでした。

情報化が進み、社会が再び新たな段階へと移行しつつある現在、都市もまた何らかの変貌を請われています。二〇年後の都市、建築、そしてマンハッタンはどうなっているだろうか――そのような思いを胸にいだきつつ、現在、一九二〇年代に建てられたマンハッタンの高層ビルの一つにペントハウス（ビル屋上の住宅）を増築する計画を進めています。居間、寝室、そして屋上から見下ろす、二〇世紀の精神の葛藤が刻み込まれた摩天楼群。この人工の森が広がる風景を借景とし、新世紀のマンハッタンとともに生き続ける家を、つくろうと考えたのです。まだ計画段階ですが、マンハッタンへの思いを胸に私自身の夢を描いたこのプロジェクトを、何とか実現させようと現在奮闘しているところです。

★1　プレファブリケーション　建築の部材や部屋自体が予め工場生産される近代特有のシステム。本来現場において一品生産されるものという建築概念とは根本的に異なるが、部材の標準化、量産化、高品質化、現場作業の効率化等、「プレハブ住宅」のイメージに付随する仮設的、安価なものといった枠に収まらない新しい建築生産と概念の可能性を秘めている。

★2　エレベーター　その原型は紀元前に既に存在していたというが、一九世紀になって実用化されるようになる。一八五四年、ニューヨークのクリスタル・パレス博覧会においてオーチスにより初公開され、その安全性がデモンストレーションされた。

★3　**シカゴ派**　被災した市中心部の再建の過程で、アメリカ中西部における経済都市としての需要から、シカゴにオフィス・ビルという近代特有のビルディング・タイプが発展した。この鉄骨骨組構造の高層建築をつくる流れが一般的にシカゴ派と呼ばれるようになった。

★4　**アール・デコ様式**　一九二五年にパリで開催された装飾美術・工業美術国際博覧会（アール・デコ展）で成功をおさめた、幾何学的なモチーフを多用した新様式。この博覧会が様式名の由来となり、開催年をとって「一九二五年様式」とも呼ばれる。

★5　**ゾーニング法**　マンハッタンの各ブロックに最大限建設を許容される建築物の外形輪郭を規定するニューヨークの建築法令。ブロックいっぱいに建てられた建物は、ある高さ以上は斜めにセットバックしなくてはならず、敷地の二五％までならタワーを無限に高くできる。

★6　**ヒュー・フェリス**　Hugh Ferriss（一八八九—一九六二）。当初建築家を目指したが、後にレンダリング描き、絵師としてマンハッタンの急進的な摩天楼理論家となる。彼の絵画は後に『タイタンシティー構想—一九七五』にまとめられた。

P.88〜89　京都駅コンペの提出案　模型（写真／大橋富夫）
P.90　マンハッタンのペントハウス計画案　模型（写真／大橋富夫）

第5章　都市Ⅱ——都市に生きる

都市の魅力

都市とは、都市計画家などの理念通り、全て計画的につくられ得るものではありません。常に変化と成長を繰り返す、生き物のようなものです。確かに、そこに人々が集まって、生きていくためにはその成長を制御し、操縦する計画概念が必然です。しかし、都市がその生命力を最も感じさせる、混沌として多様な雰囲気は、統治者でも計画者でもない、住民自身の手によって生み出されるものなのです。そして、そのような論理性、合理性では括り得ない部分にこそ、都市の文化が育まれるのです。人々の日々の生活の中から、長い時間をかけて培われるその文化が、そこにしかない個性あるものであればこそ、人々はその都市へと惹かれ、集まってくるのです。

一方、日本の都市はと言えば、近代以来、常に西欧都市の在り方を目標としてきたものの、結局、現在私達の目前にあるのは、経済性のみを論拠として無秩序に広がってきた都市の姿です。そのあまりの秩序の無さを、偶然性に満ち、都市的だとして評価する向きもありますが、私は納得できません。

無論、様々な要素が複雑に絡み合い成立している都市に関して、こうすべきだという一つの解答があるわけではありません。しかし、都市が快適かつ魅力的で、人々が夢を見出せる場所であるためには、それが良く機能するための秩序を与える有能な指導者と、共同体としての都市をつくる、人々の公的意識がなければならないのは確かです。その意味で、一九世紀都市改造の時代に、いち早く近代都市となるための骨格を整え、二〇世紀後半よりの都市事業によって再び、新たな都市再生への道を世界に示しつつあるパリには、学ぶべきところが多いように思います。

パリを訪れて

西欧都市の中でも都市景観という面において、パリほどに日本との空間感覚の違いが如実に表れている都市はないように思います。一九六〇年代、初めてパリを訪れた際も、そのパースペクティブの明確な街路構成の持つ力強さにはとにかく圧倒されました。コンコルド広場からシャンゼリゼ通り、凱旋門へと一直線に伸びる都市軸、その凱旋門を基点として放射状に伸びる一二本の大通り。その大通りに立ち並ぶ建物も皆同程度のスケール感が守られており、非常にシンメトリーな（均整の取れた）美しい街並みが形成されています。古典主義的な、幾何学的都市構成に、日本にはない人間の理性の力を強く感じます。しかし、パリのおもしろいのは、高級ブティックや有名レストランが立ち並ぶ、華やかな大通りから一本裏道に入ると、それとはまったく対照的に濃密な生活空間が広がっている

エトワールの凱旋門
（写真／ＷＰＥ）

ところです。地域ごとに異なる街の風情をもって、小さな村の集合とも評されるパリですが、その言葉通り、実にきめこまやかな都市空間が形成されているのです。

例えば、サン・ミシェル大通りの西側、有名なカフェ・ドゥ・マーゴのある、サンジェルマン・デ・プレの辺りを考えてみても、有名ブランド店の進出が目立ちますが、周辺には今もアカデミックな施設が多く、一九五〇年代、実存主義者の溜まり場として名を馳せた、かつての文化的な匂いは健在です。サン・ミシェル大通りをはさんで東側に広がる学生街、カルチェ・ラタンにしても、歴史ある学校施設を縫うようにして走る石畳の裏通りには、生活雑貨を扱う商店、青果市場、古道具屋などが立ち並ぶ親密な路地空間が、本に描かれる五〇年前の光景と変わらず、パリ市民の生活を支え続けております。

そのパリ市民の住まいはというと、ほとんどの人がアパルトマンと呼ばれる集合住宅に住んでいるのですが、その住まい方が実にユニークです。アパルトマンの、一階はいわゆる管理人が住んでいて、二階、三階は比較的裕福な中産階級の人々が居を構える。四階、五階は学生とか、周囲で働いている労働者といった、いわば低い階級の人々の生活の場といった具合に、異なる階層の人々が、一つの建物に一緒に生活しているのです。必要以上に土地に固執し、住まう場所によって少しでも差別化を図ろうとする傾向のある、日本では考えられないことです。この混住の文化が、パリの界隈ごとに人情のある住民共同体を育んできたのでしょう。これがまた、パリが世界中から集まる芸術家の卵や亡命者を排除せず、受け入れてきた歴史を支えた基盤ともなっているようにも思われます。街路に沿って立ち並ぶ豪華なアパルトマンの多くは、一九世紀中頃から後半にかけてつくられたものです。現代のパリの骨格そのものがつくられたのが、この一九世紀の都市改造の時代でした。

一九世紀オスマンのパリ大改造

ヨーロッパでは、一九世紀中頃から計画技術の急速な進歩が見られ、各地で都市改造事業が行われます。それは、産業革命以降の急激な都市化で混乱していた都市空間を、道路網の整備によってまず再編しようとするものでした。その最初の大規模な例が、オスマンによるパリの改造計画です。

計画の指揮をとったオスマンは、ナポレオン三世治下にセーヌ県知事に任命された人物です。皇帝の意向を受けて彼はパリ大改造計画を立案し、行政上の立場を十分に活用して一七年という短期間に、実際に計画を成就させます。オスマンのやり方は、当時のパリの実に七分の三を破壊するという強引なものでしたが、これによって人口の急増とそれに伴う衛生状態や治安の悪化に苦しんでいた当時のパリは、明快な秩序をもった近代都市へと一変しました。

オスマンの残した最大の業績は、言うまでもなくパリの道路網整備です。その道路形態は幅広く、直線状で、並木が配されたブールヴァールと呼ばれるものであり、エトワールの凱旋門を焦点とする放射状道路など、モニュメンタルな都市景観を形成するものでした。これによって、近代的交通手段が発達し、現在のパリの骨格となる都市基盤構造が確立されたのです。また明快な幾何学的な道路網の結節点には、旧オペラ座（一八七四年、シャルル・ガルニエ）のような文化施設がつくられ、これによって街並みの古典様式的な美しさはより一層強められていきます。

オスマンは他にも、上下水道を敷設し、学校や病院などの公共施設の拡充を図ったのに

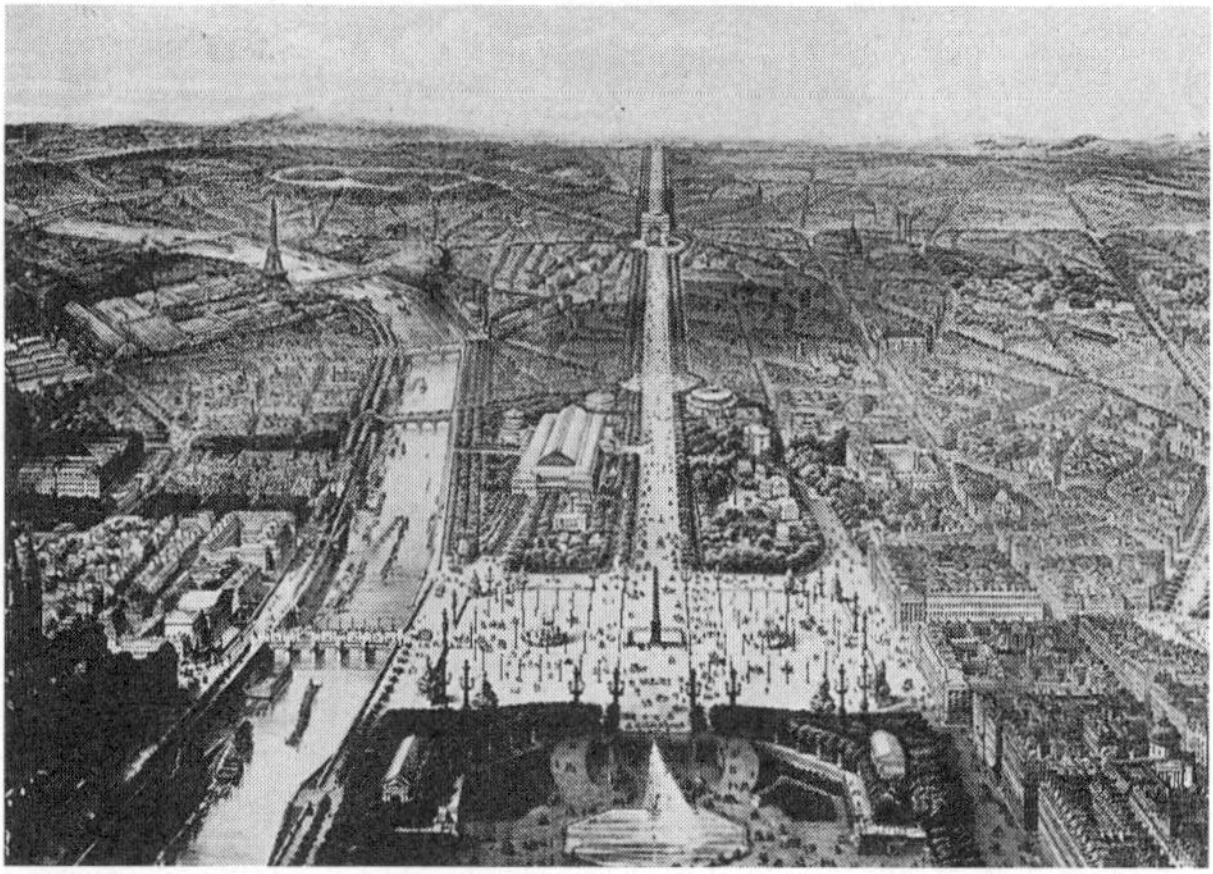
19世紀末のパリの鳥瞰図

加え、シンメトリーな都市景観を保つよう、建築法規の整備をも行いました。それらは、混乱した社会状況を受け、極めて合理的にその解決を行ったと言う意味で、まさに近代的都市計画の幕開けと呼ぶに相応しいものでした。これによって、エッフェル塔に象徴される一九世紀末のパリの輝きを可能とする社会的素地が準備されたのです。

オスマンの事業は、確かに複雑に入り組んだ既成市街を大幅に削り取る非常に破壊的なものでした。しかし、オスマンが歴史、文化を含めたそれ以前のパリを全て否定し、破壊し尽くしたかというとそうではありません。新たに設けられた華やかな表通りがつくられた一方で、そこから一歩入った裏通りには、冒頭での

19世紀につくられたアパルトマン　立面図（左）と断面図

べたような路地が入り組む、親密な生活空間がそのままの姿で残されたのです。

オスマンの事業の不徹底さに対して、ジークフリート・ギーディオン[★1]という近代を代表する建築史家は、その著書『空間・時間・建築』の中で「まるで衣装戸棚のように、画一的な大通りの裏側にあまりにもひどい乱雑さが隠されている」と批判的に述べています。また、様々な階層の人々が一つの建物に住み、ときに地上階が店舗にあてられたことなども、ギーディオンの論旨では、非合理的なものとみなされました。この例に限らず、オスマンの都市改造に対する評価は、今なお賛否両論分かれるところです。

しかし、結果として生まれた広く整然とした表通りと狭く不規則な裏通りとが重なり合い、商住機能が複合的に混在する現在のパリを見るに、私はその明暗、新旧が共存したことこそが、奥行きのあるパリの都市空間をつくってきたのではないかと思います。

理想都市の系譜

ギーディオンの言葉からも窺えるように、近代的価値観においては都市もまた合理性、論理性をもってつくられるべきものであり、あくまで効率良く機能するものでなければならないものとされてきました。

都市を秩序あるものにデザインしたいという人間の欲望自体は、ルネサンス期に提案された理想都市案に既に萌芽を見ることができます。それが時代の要請によって机上の空論に留まらず、幾何学的道路網の整備というかたちで実現された最初期の例こそが一九世紀のオスマンのパリ大改造だったわけです。その一方では理想の都市像を求め、より抽象化、先鋭化した方法論が展開されていきます。いわゆるユートピア都市モデルです。古いものでは、フランスの建築家ルドゥーによる理想都市ショウ、シャルル・フーリエによる社会宮などがあります。社会の平等化、標準化を謳ったその理想都市の系譜はエベネザー・ハワード[★2]の田園都市構想において結実し、遂に現実のものとなります。しかし、それも近代の社会全体を律するに十分なシステムを与えるものではなかったが故に、結局挫折してしまいます。

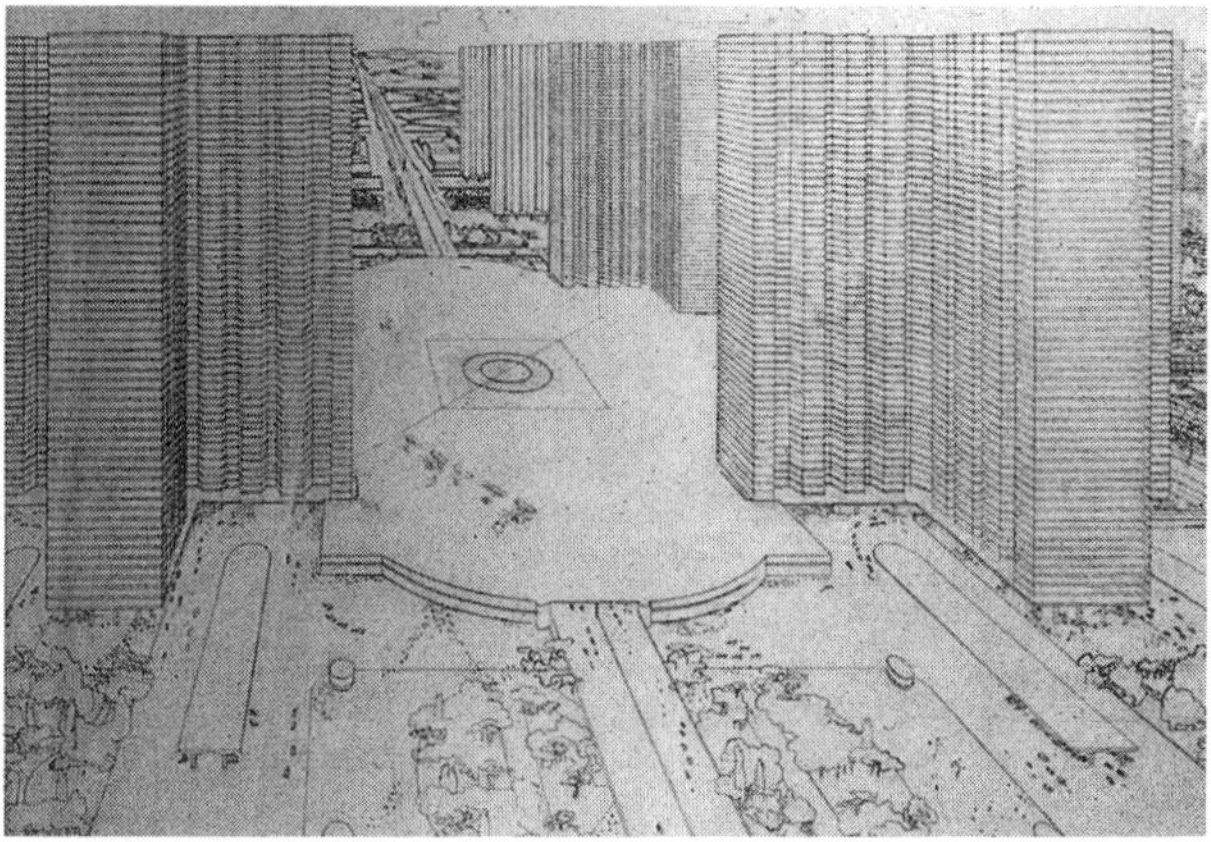

ヴォアザン計画のスケッチ　1925年。ル・コルビュジェ

都市提案において、最初に近代的な造形を意識させるモデルを描いたのは、フランスの建築家トニー・ガルニエでした。一九〇四年より、彼は工場を近代社会の中心に位置付け、それを中心とした都市モデル「工業都市」を提案します。それは、工場地域、住宅地区、保護衛生地区といった具合に、機能をそれぞれ分離して配するというもので、そこには都市計画と近代建築における基本的な考え方のほとんどが既に内容として含まれていました。見事に描き出されたものでした。

その影響のもと、より明快な近代都市モデルを打ち出したのが、ル・コルビュジェです。時代の精神を機械に求めたコルビュジェは、その発想を都市にまで拡大し、幾何学的な格子状の構成を持つ都市に、高層建築が立ち並ぶ近代都市の新たな在り方を提案します。人口三〇〇万人の現代都市（一九二二年）からパリ中心部を高層建築街にするヴォアザン計画（一九二五年）、輝ける都市計画（一九三五年）と次々に描かれる都市造形には、現在私達の思い描く都市のイメージが、余すところなく表現されています。

コルビュジェら近代の建築家による都市提案は、その後の世界中の都市建設の指針として多大な影響を与えました。しかしそれらは、抽象的な、図式的に過ぎるものであったがゆえ、それ自体ほとんどは現実と相容れないまま建築家の夢想として終わりを迎えることとなります。コルビュジェにしても、建築はさておき、都市に関する提案については、連戦連敗でした。その中で唯一実現した例として、戦後のインドのチャンディガール都市計画がありますが、これもコルビュジェの抱いた理念とインドの現実との、その余りの落差によって、結果インドの人々には否定的に受け取られています。

他にも、近代都市計画の実現例として、ブラジルの新首都ブラジリアや、オーストラリアのシドニーの近くにつくられた新都市キャンベラなどがあります。これらも機能主義に基づく理想的な都市としてつくられはしたものの、その都市空間の画一性、それによる疎外感などから現在では批判の対象になっています。

何故上手くいかなかったのか。それは、都市が都市であるために必要な固有の論理というものを、それらの計画が考慮していなかったからです。それは共同体としての都市を営

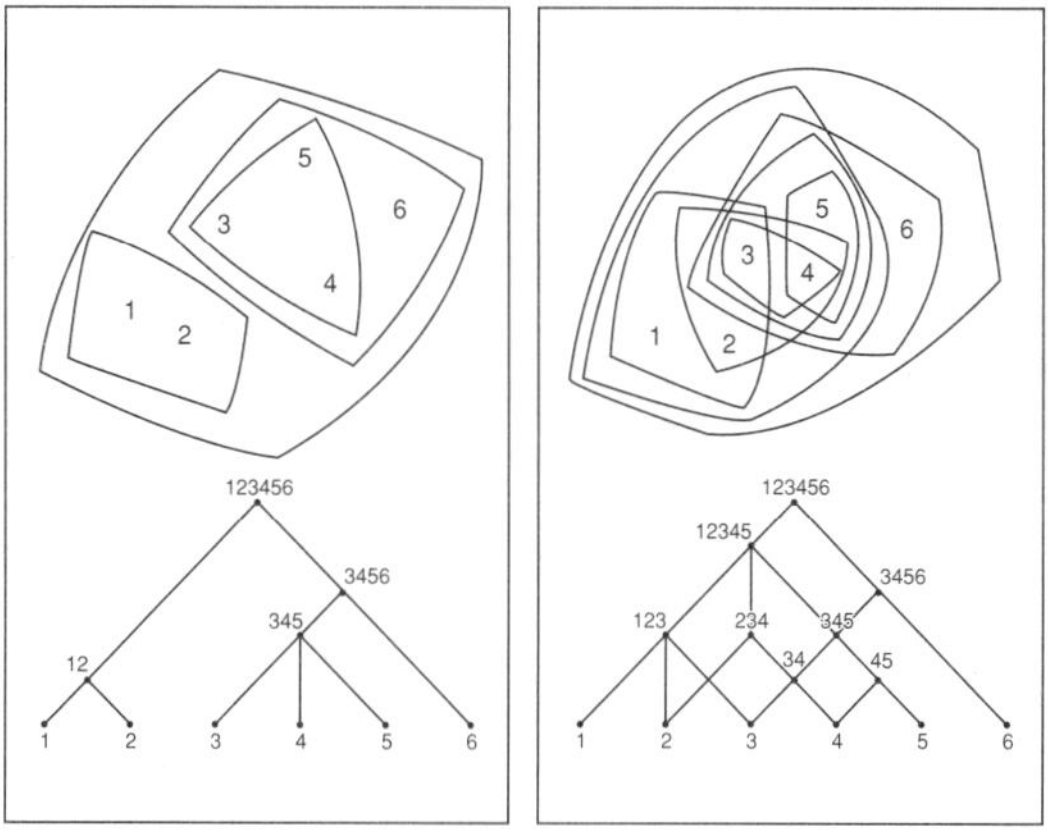

ツリー（左）とセミラティス

む住民自身の手によって長い時間の中で育まれるものであり、決して一人の計画者の手によって与えうるものではないのです。

都市はツリーではない

近代に提出された都市計画概念は、社会をより良いものにしようとする理想を語ったものでした。しかし、それらは人々の生活といった現実の一切を白紙状態にした上で成り立つものであり、一方では「全てを思い通りに計画できる」という、独善的な態度があったのも否めません。

一九六〇年代以降になると、このような近代主義的都市計画に反発するかたちで、都市計画に生活者の論理を組み込んでいこうとする提案が提出されるようになります。中でもとりわけ有名なのが、クリストファー・アレグザンダーの六五年の論文「都市はツリーではない」です。この中で、アレグザンダーはツリーとセミラティスという二つのモデルを用い、明快かつ論理的に近代主義的都市計画の限界を指摘しました。近代主義の都市計画が単純な思考形態（ツリー構造）に従ってできているのに対し、現実の都市はもっと複雑な在り方（セミラティス構造）を呈している、都市計画もまたセミラティス構造をとるべきだというのが彼の主たる論旨です。

確かに都市の魅力とは単純な機能分化の崩れた、計画概念では生み出しえない部分にこそ存するものです。計画論理の整合性のみで人間を満足させることはできません。このような視点で都市の在り方を考えたとき、再び陰影深いパリの都市空間が浮かび上がってきます。

歴史都市パリの再生——プロパガンダの都市

コルビュジェらの提示した近代都市モデルは、その後様々に修正が加えられながらも、万人が機能的で快適な生活を享受できるものとして体系化、一般化され、二〇世紀後半、都市は近代の論理によって支配されるようになります。また第二次大戦以降、疲弊したヨーロッパに代わって、世界を制していったのはアメリカの大量消費主義でした。そのアメリカで、近代文明の落とし子ともいうべきマンハッタンが驚異的な発展を続ける一方で、パリは一九六八年の五月革命以降、七〇年代を通して経済的にも下降しつつあり、かつての〝花の都パリ〟の色香も失われようとしていました。

その近代主義全盛の時代を、一九世紀にオスマンの大改造によって誕生し、二〇世紀初頭にはヨーロッパの首都として、繁栄の粋を極めたパリはどのように生き抜いたのか。

パリは徹底して旧いままに留まる道を選択しました。無論、数多くの近代建築家が輩出したパリに対して、都市改造の提案がなされなかった訳はなく、コルビュジェをはじめとする様々な建築家によってパリ改造計画が提出されます。しかし、パリは頑としてこれを拒んだのです。

凋落しかかっていたパリを再び文化の都として、返り咲かせたのはポンピドーに始まる歴代大統領による都市再生計画でした。経済の論理によって動かされていた二〇世紀後半の世界にあって、彼らが選択したのは〈文化〉の力によって国家の威信を取り戻す道でした。それは「経済的に見合うかどうか」ではなく、「いかに都市を活気付けることができるか」という視点から導かれたものです。

その始まりが、ポンピドー大統領による、一九七七年のポンピドー・センターでした。私自身、パリの歴史的街並みにこのハイテック建築が突如出現した際の衝撃は今も忘れません。レンゾ・ピアノ（伊）とリチャード・ロジャース（英）を選び出した初めての世界的コンペも画期的でした。ポンピドー・センターも、最初こそ違和感をもって受け止められ、製油所のようだとも批判されましたが、今では戦後のプロジェクトの中で最も市民に愛される存在となっています。

続くジスカールデスタン大統領の時代にもいくつかの重要な構想が提出されますが、ポンピドー、ジスカールデスタンらの築いた下地の上に、いわゆるグラン・プロジェ★3を大推進し、その名を世界に轟かせたのが一九八一〜九五年まで、一四年にわたって大統領を務めたミッテランでした。ミッテランは、前任者達の意思を引き継ぐとともに、次々とさらなる国家大プロジェクトを追加していきました。一九八六年のオルセー美術館、ラ・ヴィレット科学産業博物館、一九八七年のジャン・ヌーベルによる傑作、アラブ世界研究所に続き、新たにグラン・ルーヴル、新大蔵省、バスティーユの第二オペラ座、グランド・アルシュ、ラ・ヴィレット音楽センター、ラ・ヴィレット公園、さらに国立自然史博物館改装、国立図書館トルビアックなどが構想され、併せて実現されていきました。中でもグラン・プロジェのみならず二〇世紀の建築を考える上で、とりわけ大きな成果を残したのがグラン・ルーヴルです。

今ではパリのシンボルの一つとして高い評価を受けるこのプロジェクトも、当初は古式ゆかしいルーヴルの中庭にガラスのピラミッドを出現させるという大胆さゆえに、市民を巻き込んでの大論争を引き起こしました。都市、建築に関する事柄が、このような社会的

ポンピドー・センター　1977年。レンゾ・ピアノ、リチャード・ロジャース

国立図書館トルビアック　1996年。ドミニク・ペロー

事件に発展するのも、西欧の人々の都市に対する自覚の高さがあってのことです。
しかし、グラン・ルーヴルや、同時期に完成したグランド・アルシュのような巨大なモニュメント的建築が結局人々に受け入れられ、都市の活性化に大きく貢献しているのは、やはりその計画の根底に都市の歴史的文脈に対する配慮がなされているからです。グランド・アルシュでいえば、シャンゼリゼから凱旋門へと至る都市軸を、さらに未来に飛翔させようという姿勢がありました。グラン・ルーヴルにしても、新旧の刺激的なぶつかり合いの背後には、パリの都市構造に対する深遠な配慮が窺えます。その都市の記憶を受け継いでいこうとする姿勢は手段は違えど一連のプロジェクト全てに一貫して見られるものです。

ミッテランのグラン・プロジェの掉尾をかざったのは国立図書館トルビアックです。現地を訪れて私が感心したのは、建物とともに新たな集合住宅群が設けられていたことです。敷地はパリでも比較的さびれた場所であるセーヌ河岸の地域です。そこに、居住施設が併せて挿入されることで、図書館を核とした新たな地域共同体の育成が目論まれているのです。それによって、図書館の存在意義はより高められます。改めてグラン・プロジェの意義深さを感じました。

グラン・プロジェの軌跡とは、間違いなく、政治が主導権を握って進めた都市の一大実験でした。ミッテランを始めとした大統領達は、都市と建築を効果の高いプロパガンダの

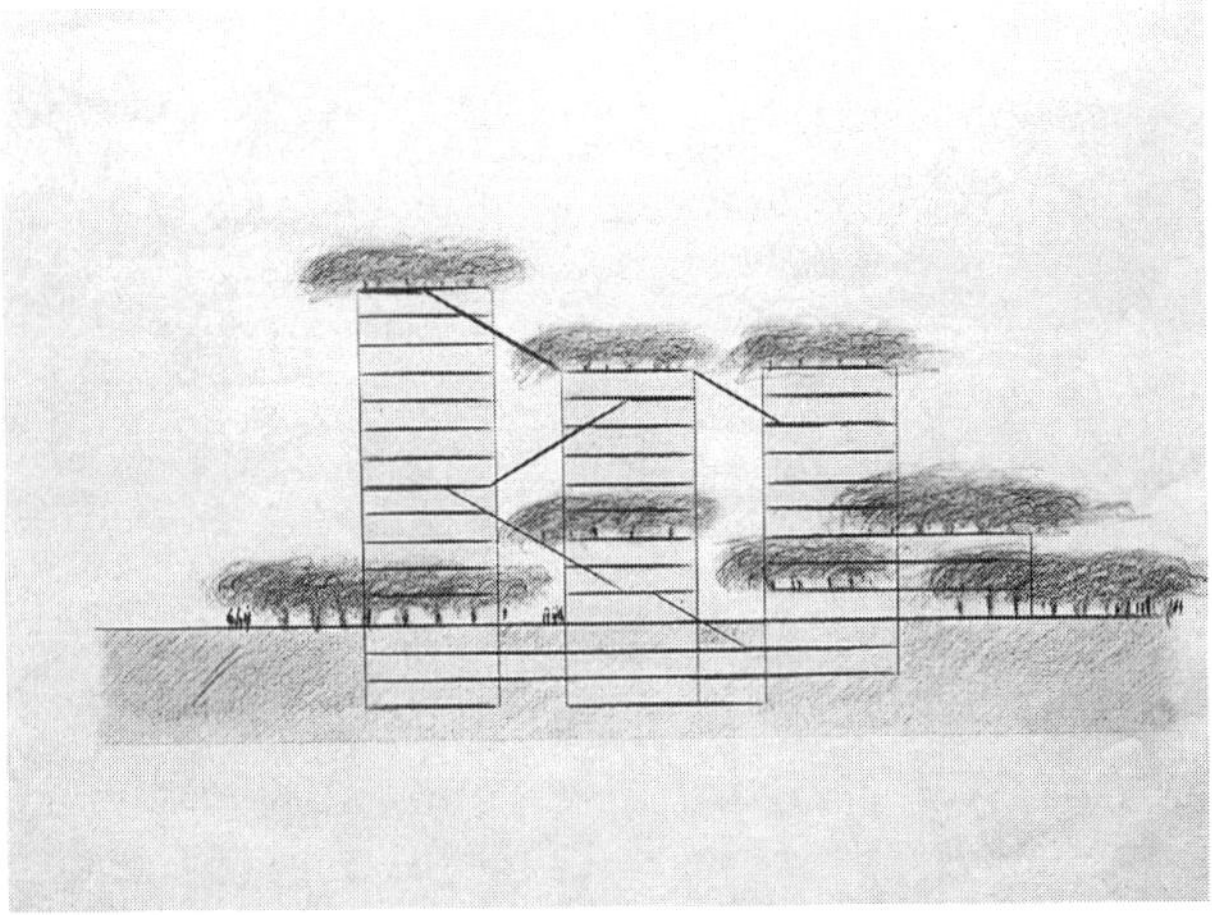

大阪駅前プロジェクトI〔地上30 mの楽園〕　ドローイング

題材と位置付け、フランスの威信回復の手段として巧妙に利用したのです。その試みは、見事に功を奏し、パリの復活を世界にアピールしました。単に文化立国とか観光立国と言っていいのかわかりませんが、いかにもフランスらしくパリらしい、歴史的文脈を踏まえた戦略であったように思えます。

しかし忘れてはならないのが、大統領による国家的プロジェクトが進行する一方で、昔ながらの中庭や路地といった古きパリの面影を留める努力が、パリ市によって地道に続けられていることです。これも、市民一人一人の都市に対する愛情、公的意識の表れのように思います。ポンピドー・センターやルーヴルのガラスのピラミッドが登

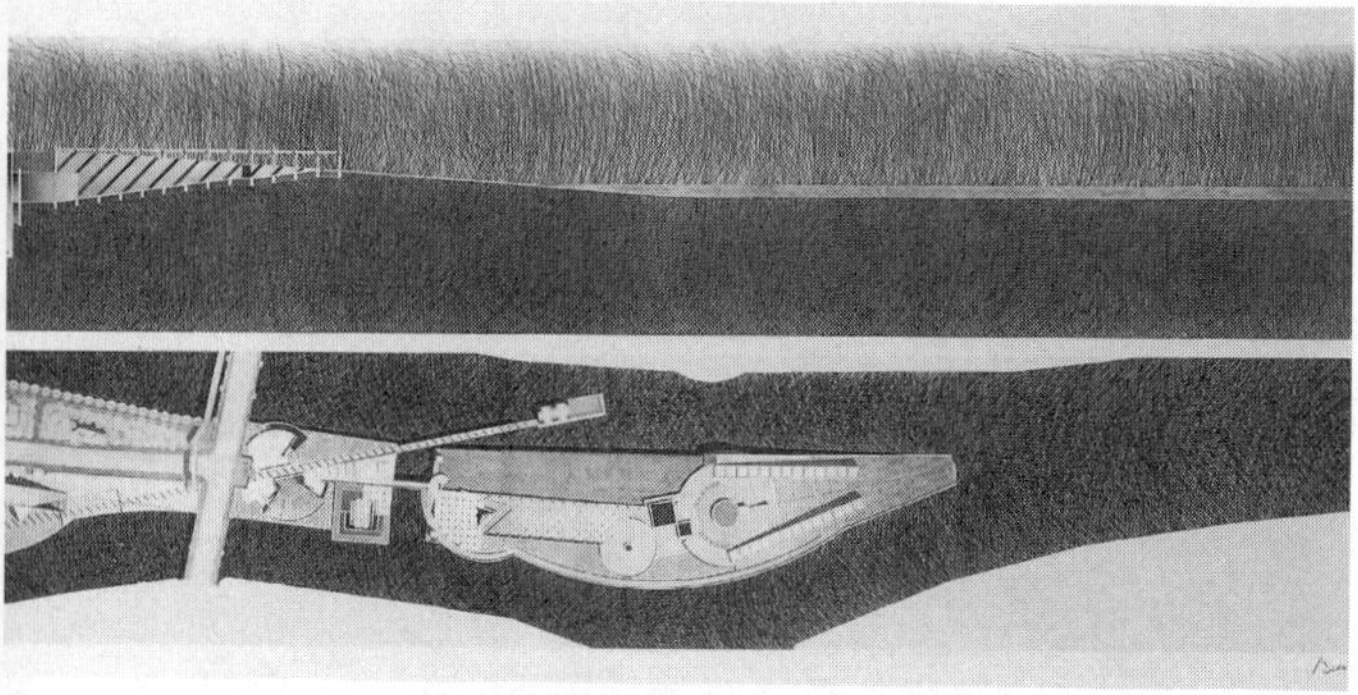

中之島プロジェクトII〔地層空間〕　ドローイング

場した際に起こった侃々諤々《かんかんがくがく》たる景観論争を思い返してみても、いかにパリの人々が自分達の住む街を真剣に考えているかが良く分かります。都市を本当の意味で活気付けようとする国家としての意思とともに、それを受け止める市民の〈都市に生きている〉という自覚の高さがあったからこそ、グラン・プロジェの成功はあったのでしょう。

日本の都市、大阪の街

私が建築を考える上でも、〈都市〉は常に思考の対象であり、また発想の土壌となるものです。建築の道に踏み込んで以来、極小の都市住宅から、商業施設、近年では美術館、博物館といった都市文化施設と、これまで手掛けてきたプロジェクトは、その規模、プログラムともにそれぞれ条件は違いますが、ただ都市に対する提案という意味においても、それらは常に一貫した主題を抱えたもの

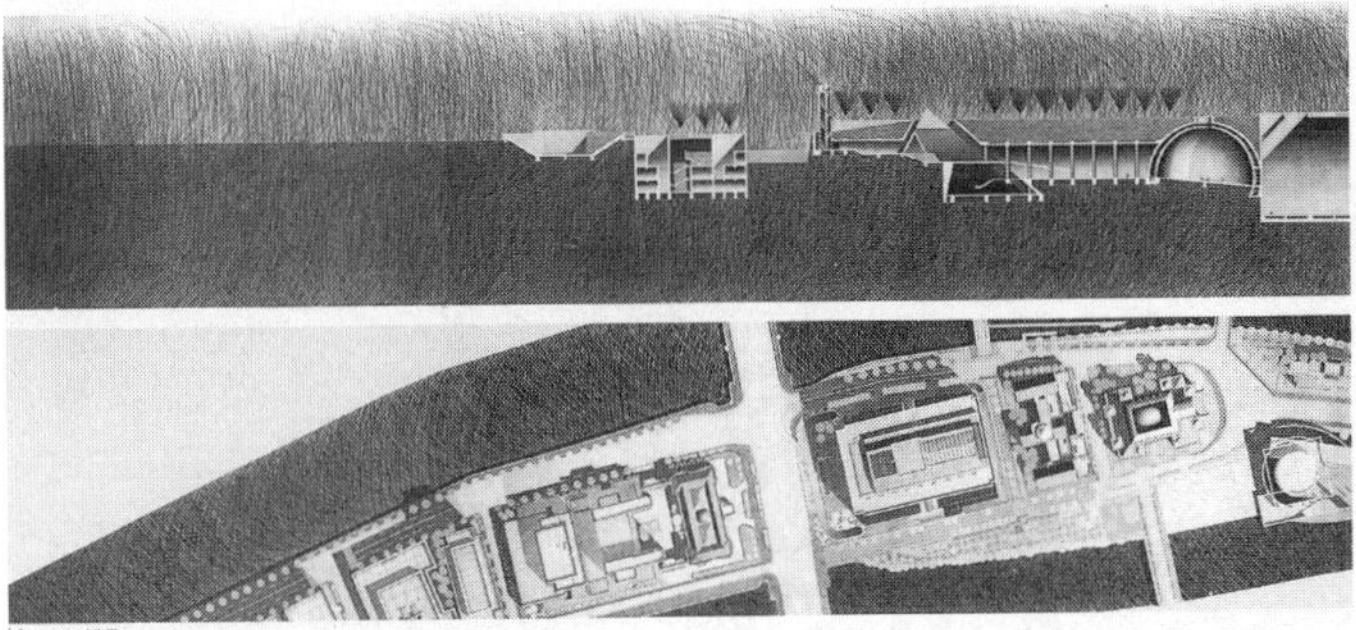

でした。

私が、最も深く関わってきた都市はといえば、それはやはり自らの活動の拠点としてきた大阪です。その大阪をより良くしたいと思い、これまで私なりのいくつかの提案を行ってきました。その最初の提案が、六九年の大阪駅前プロジェクトIです。これは大阪駅前にたつ一〇階建て程度のビルの屋上をそれぞれ緑化し、ネットワークさせて地上三〇メートルの楽園をつくろうとしたものです。当時まだ二七歳の駆け出しの建築家であった私の意見が大阪市当局に聞き入れられるわけもなく、無論実現はしませんでした。

それから二〇年後、今度は地中三〇メートルの楽園として、中之島という、大阪の街の中心にある島を、新たな都市文化ゾーンとする中之島プロジェクトIIを提案しました。これもそれまでの計画同様、依頼もないままに一人で構想したプロジェクトです。

中之島は、堂島川と土佐堀川という二つの川にはさまれた、幅一五〇メートル、長さ一キロほどの、パリのシテ島とよく似た浮島です。そこには公会堂や大阪府立図書館、日銀大阪支店などの歴史的建造物が残っており、大阪の歴史を考える上でも非常に重要な意味を持つ場所です。パリを例にとるまでもなく、都市生活の豊かさとは、そこに文化的環境があって初めて実感できるものであり、文化があってこそ、都市は人々の夢を培養する装置として機能するものです。この都市空間として類稀な環境にある中之島を地域の文化的核とすることができれば、大阪という都市をより豊かな場所に押し上げることができるのではないかと思ったのです。

中之島は、シテ島と比べるとより幅狭で、狭いところでは四〇メートル位しかない。従って、地上は緑溢れる都市公園として全面的に開放し、地中に博物館、美術館、図書館といった文化施設のそれぞれに三角錐や球、立方体といった幾何学的形態を与え、地中に埋没させることを考えました。水面には、レストランやカフェなどを浮かべ、市民の憩いの場としています。

これは一見途方もない構想のようですが、歴史的に見ると、地上の他に地中を活用しようというアイデアは、他ならぬ大阪ですでに実現されています。

それは関一《はじめ》★4という、大正から昭和にかけて大阪市長を務めた人によって考案され、大都市計画として生かされたものでした。

関は、一九二一年（大正一〇年）から始まる第一次大阪都市計画事業、そして一九二八年（昭和三年）から始まる総合大阪都市計画の中で、大阪のキタ（梅田周辺）とミナミ（難波・阿倍野周辺）をつないだ御堂筋の敷設と周辺の再開発を行います。その御堂筋が、上は道路、地中に地下鉄、その下には設備が配置されるという、非常に立体的な都市としてつくられていたのです。私の中之島計画は、関一のその手法をうけて、今度は水上と地上と地中という三層構造で都市空間を立体的に使おう、敷地を重層化することによって歴史的なものの保存と自然との交歓、中之島という地域の活性化を実現しようと考えたものでした。しかし、設計事務所としての現業を一時停止させてまで取り組んだこの計画も、何とか当局に取り合ってもらう所まではいったものの、公的な問題などから頓挫し、日の目を見ないまま計画案として潰えてしまいました。

しかし、このとき果たしえなかった思いは、また別のかたちでその後の私の建築に生かされています。建築を仕事として続けていく限り、この都市を相手に格闘し、提案する姿勢を忘れたくはありません。

★1　ジークフリート・ギーディオン　Sigfried Giedion　（一八九四―一九六八）、スイス。美術史家。ハーバード大、マサチューセッツ工科大などで教え、美術・デザイン・建築各分野にわたって活躍した。ＣＩＡＭ（近代建築国際会議）の書記長としての活動は近代建築運動に大きな影響を与えた。

★2　エベネザー・ハワード　Ebenezer Howard（一八五〇―一九二八）、イギリス。都市計画家。一八九九年に『明日の田園都市』を刊行し、都市生活と田園生活とをともに享受するための新しい地域共同体のあり方を提案した。

★3　グラン・プロジェ　一九八〇年代、フランスのミッテラン大統領主導のもとで実施されたパリの都市大改造計画。伝統都市の再活性化を意図し、過去のものを尊重しつつ旧都市を改造し、新都市を築き上げるという態度が特徴的。

★4　関一　せきはじめ（一八七三―一九三五）、東京高等学校の出身で、同校の教授であったが、ベルギーに留学後、大阪市の助役に迎えられる。後に大阪市長となり独自の自治行政を展開し、名市長と称される。

第6章　都市Ⅲ――都市の記憶

都市の記憶

都市の文化とは、歴史や人々の記憶の堆積の上にこそ育まれるものです。それは、人々が日常に目にする建物の佇まいであったり、街並みの雰囲気といったような感覚的なものであったりもしますが、大切なのはそれらが人々の共有する原風景として時代を超えて受け継がれていくものだということです。単純に旧いものを壊し、新しくつくりかえていくのではなく、残し留めていくことでしか得られない、豊かさがあるのです。新たに建築をつくるにしても、敷地には既に多様な価値の堆積としての〈場所の記憶〉が存在するわけですから、何らかのかたちで、それに応えるべきだと私は考えています。新旧の対話が、場を活性化し都市空間に奥行きを与えるのです。

確かに、旧いものを残し現代に再生させていくことは、新たに建設することよりも、技術的、コスト的に手間のかかることです。とりわけ、その対象が街区といった広範囲なものになれば、必然的に社会を巻き込んでいくことになりますから、なおさら難しい。しかし、人間はささいな記憶を頼りにして生きているのであり、また生活の豊かさとは物質的環境と同時に、精神的環境が満たされて初めて実感されるものです。新世紀を迎えて意識の改革が必要とされている今こそ、私たちは、未来のために〈都市の記憶〉を留める努力を始めるべきではないでしょうか。

ウィーン、リング・シュトラーセの建設

一九六八年、西欧旅行の途中でウィーンに立ち寄りました。そもそもの目的は、当時アヴァンギャルドで知られていた建築家ハンス・ホラインが建てた小さな商業建築レッティ蠟燭店を見るためでしたが、街にはいるとまず都市全体に漂う、濃密な歴史的雰囲気に強く惹かれました。旧市街と呼ばれる街の中心には、聖シュテファン大聖堂が中世から変わらず今もウィーンのシンボルとしてそびえたっており、また街のそこここにウィーンの経てきた歴史の痕跡がそのまま残っています。おもしろいのは、その濃密な都市空間が、中心から周縁部に向かうにつれ徐々に散漫になり、曖昧に都市郊外へと連なっていくのではなく、リング・シュトラーセと呼ばれる公園のような広い環状道路を境にして、明確に囲いとられた領域となってあることです。

リング・シュトラーセのつくられたのもまた、一九世紀、都市改造の時代です。オスマンのパリ大改造に象徴されるように、それらは、混乱した都市状況を再構成し、明快な秩序を与えようとする近代的な思考によるものでした。〝革命〟を具現化するには当然、徹底的な破壊行為が必要とされます。しかし、パリと時を同じくして、ウィーンでなされた

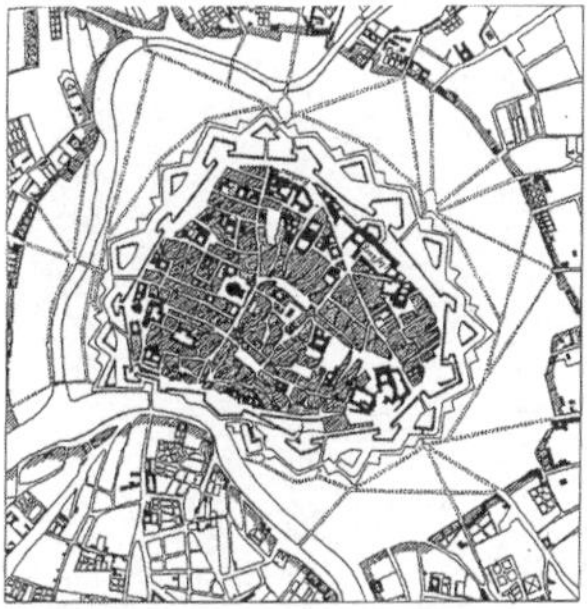

リング・シュトラーセ整備前（左）と後　外周の城壁が撤去され環状道路がつくられた

のは、歴史的街区を破壊するのではなく、逆に旧い部分をそのままに保存しながら都市に新たな秩序を与える試みでした。

リング建設を中心とした都市改造によって、現在のウィーンの都市骨格を築き上げたのは、ハプスブルク家最後の皇帝フランツ・ヨーゼフ一世です。産業革命以降、西欧諸都市はひたすら膨張を続け、ウィーンもまた、およそ一世紀間で一〇倍にも達するほどにその人口は膨れ上がっていました。しかし中世と変わらぬ姿を呈していた当時のウィーンが、その変化を受け止め得るわけもなく、都市環境は経済的にも物理的にも、完全にその臨界点を超えた最悪の状態に陥りました。その発展を阻害する最大の物理的な要因となっていたのが、市街を取り巻く古い城壁の存在でした。

後から後から、この都になだれ込んでくる人々。彼らの住居を何とか確保しなければならないと考えたフランツ・ヨーゼフは、かねてからの懸案であった都市改造に遂に着手し城壁を撤去、その跡地に広々とした大通り、リング・シュトラーセを出現させてウィーンの様相を一変させます。同時にこの大通りに沿っては、新興ブルジョワ階級のための高級住宅が建設され、公共建築物がつぎつぎに建てられました。市庁舎や宮殿、議事堂、オペラハウス、博物館、大学など、今日旅行者が見物してまわる名所の大半は、この皇帝治世下で実現したものです。こうして、旧い部分をそのままに、リングを軸に都市として必要な文化的、政治的施設を要所に配して生まれたのが、旧市街が都市の中枢機能を担ったまま現代に生きる歴史都市ウィーンなのです。都市開発というとまず土地を更地にすることから始まり、新しく大学がつくられるといえばとかく郊外に計画されがちな現在の日本とはまるで正反対の思想をもって、都市が考えられているのです。

ウィーン世紀末

一九世紀末ウィーンが生み出した、百花繚乱たる都市文化は、そのリングによる囲いの中で育まれました。絵画ではグスタフ・クリムト、エゴン・シーレ、音楽ではグスタフ・マーラーやアーノルト・シェーンベルク、そして建築ではオットー・ワーグナー、ヨーゼフ・ホフマン、アドルフ・ロース。他にも、心理学のジクムント・フロイト、哲学のルートヴィヒ・ヴィトゲンシュタインなど、世紀末ウィーンでは、様々な分野でおびただしい

ウィーン郵便貯金局　1912年。オットー・ワーグナー（写真／新建築社）

才能が輩出しました。二〇世紀の精神文化の礎がここで築かれたといっても過言ではありません。何故、ひとつの都市からこれほどに多彩で広範な学問、芸術、文化が生まれ得たのか。都市の原点とは、まず領域を確保することであり、またそれこそが文化を醸成する条件です。ウィーンの場合、城壁を取り払った跡のリングが、都市の積み重ねてきた時間、育んできた歴史的環境を守る文化の市壁としての役割を果たしたのでしょう。明快な線引きがなされていたからこそ、ウィーンはその内に、あのような濃密な都市空間を形成できたのだと思います。しかし、リングによる境界はそのまま、裕福な上流階級の住まう内側と、貧しい庶民の住まう外側を隔てる貧富の境界線でもありました。豪華絢爛たる建築群の建ち並ぶ道路を境に、明暗に分かれる二つの世界。クリムトもまた、リングの外側の生まれであったといいます。このリングに隔てられた二つの世界がせめぎ合い、刺激し合う、その緊張と共鳴こそが、ウィーンを文化の工房たらしめたのでしょう。

ウィーン分離派とアドルフ・ロース

世紀末ウィーンは、建築の世界においても、近代建築の黎明期を飾る作品を数多く生み出しました。クリムトとともに、ウィーン分離派[★1]を結成したワーグナー、オルブリッヒ、ホフマン。新しい時代に相応しい表現を求めて、過去の歴史的様式からの離脱を謳った彼らは、当時流行していたアール・ヌーヴォー様式を取り入れ、独特な雰囲気を持つ作品世界をつくり出し、世紀末芸術の最後を彩りました。しかし、その中心的人物であったオットー・ワーグナーは、装飾的な建築を追い求める一方で〝近代建築の父〟と称されるような機能主義理論の先駆者としての一面も持っていました。鉄、ガラス、アルミニウムといった新しい素材、新しい技術を積極的に用いた郵便貯金局が有名ですが、初期の作品マジョリカ・ハウスにおいても、主題となっているのは単調になりがちな集合住宅をいかに街並みに馴染ませるかという都市的な視点によるものです。また、「芸術の創作活動の唯一の出発点は、現代生活でしかありえない」としたワーグナーは、ウィーンの都市総合整備

ロース・ハウス
1910年。アドルフ・ロース

計画にも関わり、都市鉄道やその駅舎、橋梁や水門の建設などにも活躍し、華麗な近代都市ウィーン形成に大きな役割を果たしました。

近代建築史的にみると、そのワーグナーも、結局は古典的な手法を免れることなくいま一歩のところで終わってしまうのですが、その先進的思想は皮肉にも彼の分離派における弟子達ではなく、ウィーン分離派に批判的な立場をとったアドルフ・ロースによって受け継がれ発展していきました。建築とは単なる装飾芸術ではなく、機能から合理的に導かれるものだとしたロースは「装飾は罪悪である」と題した論文によってその立場を明確にし、徹底して無装飾な建築をウィーンの中街に出現させていきます。ウィーンの中心ともいうべき、ミヒャエラー広場の北角に今もたち続けるロース・ハウスは、彼が一九一〇年につくった代表作といえるものです。今ではごく普通に見えるこの建物も、完成当初はウィーンの人々に大変な衝撃を与え市議会をも巻き込む大論争を起こしたといいます。都市の記憶が途切れることなく生き続ける街であるが故に、なおさらその新しさが大きな事件となったのです。

ワーグナー、ロースといった近代建築の父ともいうべき作家が、このウィーンに生まれ、育ったのもまた、決して偶然ではありません。文字通り、前衛的な活動を繰り広げた彼らの、その概念の新しさは決してゼロから生まれたものではなく、リングの内に囲われた、旧市街の濃密な空気の中でこそ、育まれ得たもののように思えるのです。

新旧の対話

かつて、華やかな世紀末文化を開花させたウィーンの文化的土壌は、その後も前衛的な作家を建築の世界に送り出します。私が初めてこの街を訪れた、六〇年代から七〇年代にかけてのウィーンは、まさに前衛集団の中心地ともいうべき様相を呈しており、最初にお話ししたハンス・ホラインを始めとして、ギュンター・ドメニクに代表されるグラーツ派など、数多くの建築家がこの街を基盤に活動を繰り広げていました。

中でもハンス・ホラインは、当時からずば抜けた存在感を放っており、私自身日本にい

レッティ蠟燭店
1965年。ハンス・ホライン
（写真／新建築社）

ながら、その言説、作品に大変興味を覚えていた建築家です。

旧市街中心部の高級ショッピング街の一角に、挿入されたレッティ蠟燭店は、間口三メートル、高さが約六メートル程度の大変小さい建物でした。しかし、スタッコ仕上げが一般的な歴史的街並みの中にあって、外壁に用いられたアルミパネルの無機的な素材感、内部の鏡と照明による空間演出が強烈な現代性を放ち、その周辺を巻き込んだ一種独特な空気を醸し出していました。街の旧さに対して〈異物〉ともいえる新しさをたたえたレッティ蠟燭店が、単体の建築であることを超えて、街並みにさらには都市全体へと働きかけ活気を与えているように感じました。

レッティ蠟燭店の存在をこれほどに光り輝いたものにしているのは、その背景にある、ウィーンの豊かな時間の蓄積です。歴史が途切れることなく続いている重厚な都市空間に対し、点としての刺激を加えるホラインの手法は、世紀末のワーグナー、ロースらの建築ともつながるものかもしれません。

ホラインはその後も「全ては建築である」と題した論文において、既成の建築概念そのものの解体を訴えるなど、幅広い活動を展開させ、建築界の前衛として、確固たる地位を築いてきました。最近ではより規模の大きな仕事を手掛けるようになっていますが、一九九〇年にも聖シュテファン大聖堂の正面にハース・ハウスを登場させ、市民の論議を巻き起こすなど、その意欲的な姿勢は衰えていません。その姿は何か「装飾は罪悪である」と述べたアドルフ・ロースとダブって見えるような気がします。

現代でも、ホラインよりひとまわり下の世代にあたる建築家集団、コープ・ヒンメルブラウ[★2]などが、前衛都市ウィーンの体質を色濃く表現する作品をつくっています。とりわけ、一九八九年の作品ルーフトップ・リモデリングは、当時世界を席巻したデコンストラクション（脱構築）という表現潮流の急先鋒とされ、大きな話題となりました。

旧いものに対し新しいものを局所的に挿入することで、ウィーンの街はその魅力を増していったわけですが、前章でお話ししたパリのグラン・プロジェの中核となったグラン・ルーヴル計画もまた、同様なコンセプトに基づくものです。

ルーヴルのガラスのピラミッド　1989年。I・M・ペイ（写真／安藤忠雄建築研究所）

フランス古典主義の傑作であるルーヴル宮殿全体を新美術館として整備し直すという課題に対し、設計者として選ばれた中国系アメリカ人I・M・ペイは、大胆にもその真ん中にガラスのピラミッドを設けるという解答を提出しました。既存のシンメトリー、重厚な組《そ》積《せき》造《ぞう》の歴史的建造物に対して、透明で繊細なガラスという素材を用い、ハイテック風にまとめあげられたピラミッド。ホラインのレッティ蠟燭店が古都ウィーンの街並みに刺激を与えたように、ペイもまた、歴史を誇るルーヴル宮の旧さとの安易な調和を目論むのでなく、逆に現代性を放つガラスのピラミッドをあえて持ち込むことで、ルーヴル全体に新たな命を吹き込もうとしたのです。

ガラスのピラミッドの何より意義深い所は、斬新な発想のように見えて、その実、増築に継ぐ増築によってできあがってきたルーヴルの歴史と、既存の都市構造（パリの中心軸上に位置する）との関連性の上にたち、あくまで時間的空間的連続性を踏まえた上で建築が考えられている点です。ここで意図されているのは、単なる新旧の併存ではない、新旧の対話なのです。

建築の保存と再生――パリの試み

これまで触れてきた作品を考えてみると、ウィーンの建築にしても、ルーヴルのガラスのピラミッドにしても、その存在はともに背景として旧い建物や街並みがあってこそ成り立つものでした。旧いものを留めていこうとする意識、旧いものへの愛情が、人々に当然のものとして備わっていたからこそ、彼らの作品は生まれ得たのです。

一般に、老朽化したものを再生することは、新しくつくるよりもはるかに手間とコストがかかるものです。日本では建築の保存・再生も最近になってようやく耳にするようになったばかりですが、西欧では石造の歴史故か、古くからその必要性が認識されていました。とりわけパリには、ルーヴル美術館だけでなく旧い建物を再生した数多くの実例を見ることができます。例えば、グラン・プロジェの一環であるオルセー美術館は、一九〇〇年のパリ万国博覧会時に建てられたオルセー駅を改造して、印象派を中心とした一九世紀美術

オルセー駅　改修前

オルセー美術館　1986年。ガエ・アウレンティ

を展示する美術館へと再生させたものです。

　オルセー美術館のような国家的規模の建物ではないにしろ、一七世紀に建てられた邸宅を改造したピカソ美術館（R・シムネ、一九八五年）や、一九世紀の彫刻家ブールデルのスタジオを改造したブールデル美術館（C・ポルザンパルク、一九九二年）、彫刻庭園で知られるロダン美術館など数多くの例があります。それらは皆、内部は新たな機能を担わせるために、建築家によって様々な工夫が施されているものの、その周辺の庭なども含めて都市の風景を形づくる外観に関しては、できる限り建設当時のままを保つことが意図されています。建物越しに垣間見えるエッフェル塔――といった、大きな意味での都市景観を含めて、パリにおいては個々の建築が常に都市というものを強く意識した上で、都市の一部を成すものとして考えられているのです。

パリの都市の記憶を留める試みのうち、最も大きな成果を挙げ、世界にも多大な影響を与えたのは、一九六二年、時の文化相アンドレ・マルローによって制定された歴史的街区の保護法「マルロー法」です。その何より画期的であった点は、従来のような単体の、一級品的な文化財建造物だけではなく、群としての建造物をもその保存再生の対象としたところです。マルローは、『人間の条件』などを著した作家であり、またヴェトナムの民族解放運動にも参加した活動家でもありました。その彼だからこそ、モニュメンタルな建造物が、美しく再生される一方で、無残に取り壊されつつあった名前のない、しかし最も人々の近くにあった建物群にも救いの手を差し伸べることができたのでしょう。マルロー法が適用された再開発事業の典型例が、ヴォージュ広場で有名なマレ地区です。

今日では、マルロー法も完全に都市計画に組み込まれ、都市再開発事業に際し歴史的要素を保存、修復していくのは、フランスでは当たり前のことになっています。そしてまた、こうした行政側の努力が、住民側の意識を高めることにもつながっています。

ベネトン・アートスクール（ファブリカ）

私自身も、これまで大阪の中之島公会堂の再生計画や、京都の大山崎につくった大山崎山荘美術館などで、旧い建物の改修、増築に関わる機会がありました。二〇〇〇年に完成したイタリア、ヴェネチア近郊の、トレヴィーゾという街で計画されたベネトン・アートスクール（ファブリカ）も、そのような性質の仕事でした。このプロジェクトは、世界的に有名なファッション・メーカー、ベネトンの依頼により、始まったものです。敷地周辺はアンドレ・パラーディオを始めとした後期ルネサンス建築文化が花開いた場所であり、またカルロ・スカルパもその作品を多く残した、大変豊かな建築的遺産を有するところです。

仕事を依頼されたのは一九九二年の春でしたが、初めて敷地を訪れ驚いたのは、一七世紀につくられたパラーディオ風のヴィラが、老朽化しているとはいえ敷地に堂々とたっていたことです。そのとき初めて、既存の旧い建物は補強、補修して可能な限り保存しながら、必要に応じて新たな施設を増築するという、この計画の主旨を知りました。

実際に赴くまでは、日本との距離を思い、いささかの迷いを感じていましたが、敷地を訪れ、依頼者の建築に対する愛情、計画にかける意気込みに触れ、引き受けることを決意しました。新たに加える増築部分を地下に埋没させ、テラス、コート、デッキによって全体をゆるやかに結ぶ全体構成を、その日のうちにスケッチにまとめました。

計画では、まず旧いヴィラの修復から始め、それから新築部分へととりかかるというものでしたが、一九九二年にスタートして全体が完成したのが二〇〇〇年、非常に長い時間がかかりました。日本なら一年半ぐらいでできる工事になぜ八年もかかったかというと、一つには現場との距離の問題がありました。現地から離れた場所で的確な判断を下すのは困難であり、どうしても迅速な対応をとりかねる場合があるのです。一方で、日本とは事情を異にする法的手続きに時間を要したこともありました。そのために計画の一時中断を余儀なくされた時期もあったくらいです。

が、驚いたのは依頼主を含め現地のスタッフ、職人達が、決して無理に完成を急いでいないことでした。彼らは、つくることを実に楽しんで、やっているのです。そこに私は、日本にはない成熟した建築文化の存在というものを強く感じました。

ファブリカの建築を始めて知ったことですが、イタリアでは、ルネサンス当時の一六世紀、一七世紀の建材、例えば屋根瓦とか煉瓦とか木材などが、当時のまま残されていることです。古い建物を解体したときにその材料を回収し保存している古材バンクとでも言うべきものがあり、新たに歴史的な建築物を改修するときはそこから資材を購入するシステムが社会によく根付いているのです。だからこそ、古い建物の全体を新しくつくり直しても、周囲の古い建物に対して違和感がない建物ができるのでしょう。古材バンクの成立は、この地域のルネサンス文化の拠点となったヴェネチアが、海上都市というその立地条件ゆえに、常に建材不足に悩まされ、ある材料を大切に使わざるを得なかったという歴史的背景に起因するものかもしれません。が、それをシステムとして、現代社会で見事機能させているイタリア人の国民性を、本当に素晴らしく思います。

完成直後のファブリカを訪れ、クライアントと最後の打ち合わせを行った際、彼が言った言葉が深く心に残っています。彼は、歴史的な建築物を自分たちの時代から二一世紀、二二世紀につなげられることは、自らにとって誇りであり、またこれによって自分も企業家としての社会的責務を一つ果たし得るのだ、と語っていました。

古材バンクの存在、建築の保存再生を自らの責務と考える企業家。その背景にあるのは、次代のために都市の記憶を、留めていかねばならないとする、人々の公的精神です。本当の豊かさとは何なのか、今一度、私達も真剣に捉えなおすべきときにきています。

★1　ウィーン分離派　ウィーン・ゼツェッシオンともいう。一八九七年、画家のG・クリムト、建築家のJ・M・オルブリッヒ、J・ホフマンらを中心にウィーンで発生した芸術革新運動のグループ。直線や円といった幾何学的形態操作による様式を推進した。

★2　コープ・ヒンメルブラウ　二人の建築家ヴォルフ・D・プリックスとヘルムート・シュヴィツィンスキーからなるユニット。「ルーフトップ・リモデリング」は古い建物の上部に鉄骨とガラスによるオブジェのような抽象的形態のオフィスが増築してある。

P.130〜131　ベネトン・アートスクール　列柱のあるギャラリーを望む、二〇〇〇年（写真／Pino Musi）

P.132〜133　ベネトン・アートスクール　中央コート（写真／新建築社）

第7章　コラボレーション

シュレーダー邸とデ・スティル

建築は、建築家一人の手によって生まれるわけではありません。一つの建築ができ上がっていくプロセスには、実に多くの人々が関わってきます。まず「こんな建物をつくりたい」という思いを持ったクライアントがいて、そこに自らの理想を重ねて考えようとする我々設計者がいる、さらに施工を受けもつ建設会社、実際に建物をつくっていく職人さん達がいる――といった具合に、建築とは、そのプロセスに関わる人々全員の協同作業によって成り立つものなのです。そこが絵画、彫刻といった他の芸術分野との違いといえるかもしれません。

そしてまた、表現ということを考えてみても、表現者個人による全くの、無からの創造というものはありえないのではないでしょうか。意識的にしろ、無意識的であったにせよ、その創造のプロセスにおいては、必ずといって良いほど他者との対話、コラボレーションが存在しているのです。建築史上、〝革命的〟と称される作品を見ても、常に何か外的な影響を感じさせるものがあり、また名作と呼ばれるものほど、その背後に多くのものを引きずっているように思えます。とりわけ、モダニズムが黎明期にあった一九二〇年代の近代建築作品の数々は、過渡期ゆえの激しさと、新しい表現を希求する実験的精神に溢れており、今もって私達を惹きつけてやみません。一九二四年につくられたデ・スティル[★1]の建築、シュレーダー邸もそのような時代の生み出した傑作の一つです。

オランダのユトレヒトにあるシュレーダー邸を初めて訪れたのは、一九六五年、初めての渡欧の折でした。当時はまだ一般に公開されておらず、外から眺めるだけに留まりましたが、白・黒・グレーの無彩色の面材と、青・赤・黄の三原色の線材を使い分け、水平・垂直の非対称の構成によって、建築という概念さえも超えたかのような佇まいに、「これが半世紀近く前につくられたものなのか」と驚いたのを良く覚えています。二〇世紀の表現分野において支配的な傾向の一つに、抽象化、単純化を突き詰めることによって、普遍性を獲得しようという、還元主義的傾向があります。シュレーダー邸とは、まさにこの還元主義を、建築によって極めようとした先駆的試みだったのです。今なお、前衛の香りを強く漂わすこの住宅が、石と煉瓦による外装が普通であった当時において、いかに人々を驚かせたかは想像に難くありません。

この住宅は、夫に先立たれ、未亡人となったシュレーダー夫人の依頼によって、家具職人であるヘリット・トーマス・リートフェルトが設計したものです。シュレーダー夫人にとって、残された子供と共に新たな生活を築き上げていこうという決意の表れであったこの住宅は、リートフェルトにとっても初めての建築の仕事であったといいます。ともに新しい生活空間を創りだしたいと願った彼等の理想的なコラボレーションがあって初めて、このような実験的試みが可能となったのでしょう。

一九六五年以来、シュレーダー邸は何度となく訪れていますが、行く度に新たな発見があり、驚かされます。住宅内部にまで入ることができたのは、初めて訪れてから十数年経た後のことでしたが、このときも外からは窺い知れない、住居各部に凝らされた創意工夫の数々の存在を知り、その印象を新たにしました。まず外観同様、インテリアから家具に至るまで貫徹された抽象表現を指向するディテールの数々。例えば二階東の隅角部は、窓を開放するとコーナーがなくなるよう工夫されており、リートフェルトがいかにそれ以前の伝統的建築観を打破しようと腐心していたかが良く分かります。さらに、ワンルームとしてつくられた二階部分を四部屋にまで区画できる可動間仕切り、一階台所と二階居間とを連絡する物品搬送用のダムウェイター、梃子の原理を応用し、自動ドアのように軽く開閉できる一階階段脇の引き戸、当時まだ珍しかったラジエーター式のスチーム暖房など、日々の生活を彩るユニークな仕掛けが、まるでカラクリ屋敷のように、随所にちりばめられています。

訪問を重ねる中で改めて思ったのは、この建築が決して建築表現の抽象化という観念的な主題にのみ、固執してつくられたものではないということです。あくまで家具職人リー

シュレーダー邸　1924年。ヘリット・トーマス・リートフェルト（写真／安藤忠雄建築研究所）

レッド・アンド・ブルー・チェア　1918年。ヘリット・トーマス・リートフェルト

トフェルトの、モノづくりの感性から生まれた、新しい時代の新しい生活を提案する住宅だったのです。

リートフェルトは一九一八年、すでにこの住宅に見られるような造形原理による椅子を製作しており、ある意味シュレーダー邸は彼の家具職人として積み重ねてきたキャリア、手づくりの感性に拠る所が大きい。しかし、リートフェルトがシュレーダー邸に辿りつき得たのは、やはりデ・スティル運動、特にピエト・モンドリアンの一連の抽象絵画との出会いがあったからこそでしょう。先ほど述べた椅子が、赤と青の椅子として知られる二原色に着色されたのも、デ・スティル加盟後のことであったといいます。

デ・スティルは、一九一七年、オランダのレイデンにおいて、ピエト・モンドリアン、テオ・ファン・ドゥースブルフという二人の画家によって結成された芸術家のグループ、運動の呼称です。その理念の柱となったのはモンドリアンが絵画において到達した新造形主義でした。リートフェルトのシュレーダー邸は、見比べてみると明らかなように、モンドリアンが二次元平面において成し遂げた抽象的表現を、三次元へと展開させたものです。デ・スティルの影響は、幅広い分野に及びましたが、建築において実現した例は少なく、その意味でもシュレーダー邸は非常に重要な作品です。

しかし、リートフェルトに影響を与えたモンドリアンにしても、初めから抽象画を描いていたわけではなく、四〇歳になって訪れたパリでピカソ、ブラック等のキュビズムの作品に出会い、その方法論に影響を受ける中で、具象から抽象の世界へと身を転じたといいます。ピカソもまた、アフリカ原始美術にキュビズムへと至る手がかりを見出したといいますし、同時代にブラックという好敵手がいたことも彼にとっては幸運なことだったでしょう。

〈創造〉という言葉がありますが、真の創造とは、リートフェルトが建築、絵画という境界を越えてモンドリアンの、さらにいえばモンドリアンの中にあるピカソのキュビズムの影響を受け、それを自らの表現として変容させていく――。そのような異なる価値観のぶつかり合い、対話のなかでこそ育まれるものだと思います。

二〇世紀初頭の前衛芸術運動

デ・スティルの登場した一九二〇年代のヨーロッパは、来るべき新しい時代に相応しい表現を目指して、各地で前衛芸術運動が起こったときでした。シュレーダー邸の完成した一九二四年前後を振り返ってみても、デ・スティルの思想をリートフェルトとは違ったかたちで発展させたF・キースラーの空間都市（一九二四年）、ロシア構成主義の一連の計画案、ドイツ表現主義のチリハウス（一九二四年）やアインシュタイン塔（一九二四年）、さらにグロピウスのバウハウス校舎（一九二六年）からミース、コルビュジェ等の初期の試みに至るまで、まるで人間の持ちうる表現上の可能性全てが噴出したかのように、実に様々な理念、形が生まれました。それらが、互いに影響を与え合い、徐々に一つの表現傾向へと収束していった結果、近代建築の理念が確立されるのです。

デ・スティルへの直接的な関わりということで言えば、やや時代を遡った一九一四年のミラノを中心に起こったイタリア未来派、ロシア革命をはさむ一九一〇年から一九二〇年代にかけてのロシア・アヴァンギャルドの構成主義が挙げられます。とりわけロシア構成主義は、ウラジミール・タトリンの第三インターナショナル記念塔、コンスタンティン・メルニコフ自邸など、その幻想的表現は、〝前衛〟として現在でも多くの建築家の興味を引きつける存在となっています。構成主義について特筆すべきは、その運動が建築、絵画、文学、演劇といったあらゆる表現分野をまたがり、史上比類無いほどの規模で展開されたという点です。そのほとんどは、計画案のまま終わりましたが、どれも単一の分野の作品としてくれないほどに、各々に個性的な魅力に溢れており、各分野間でいかに激しい交流がなされたのかが良く分かります。芸術によって社会までをも改革していこうとした彼らは、一九三〇年代スターリン体制の確立とともに姿を消していきます。しかしその実験的試みは、デ・スティル、バウハウス等を通じて後の表現世界に大きな影響を残しました。

私がこの時代に惹かれるのは、各々の表現分野が決してその内にこもるのではなく、境界を超えて、互いに影響を与え合い、より新しく、より豊かな表現を、と常に試行錯誤し

第三インターナショナル記念塔　1920年。ウラジミール・タトリン

メルニコフ自邸　1929年。コンスタンティン・メルニコフ

ているところです。作家が、様々なものに影響を受け、対話を重ねた分だけ、作品に厚みというか奥行きが、生まれているのです。

現代アートの登場

一九二〇年代は、マルセル・デュシャンの登場によって、今日の現代アートにつながる既成美術の解体が始まったときでもありました。最も有名なのは、デュシャンが一九一七年「泉」と称して発表した既製品の小便器ですが、レディ・メイドと名付けられたその手法の意図とは、日常品も置かれる場所を変えられるだけで異なる意味を発生する（たとえありふれた既製品であっても、台座にのせれば美術作品になりうる）というものであり、デュシャンはそのような観念的な操作をも一つの表現として提示したことで、美術における概念の拡張を訴えたのです。

デュシャン等の登場に端を発した現代アートの世界は、第二次世界大戦以降、ヨーロッパからアメリカへと舞台を移し、一九五〇年代から六〇年代にかけて、その頂点ともいうべき成熟期を迎えます。最も劇的だったのが、ジャクソン・ポロックに代表される抽象表現主義の登場でした。ポロックのアクション・ペインティングと称される手法は、巨大なキャンバスを床において絵具缶から直接滴《したた》らせたり、たらしたりする、かつてない独特な制作方法でした。ですから、抽象表現主義の絵画においては、結果として現れる表現よりもむしろ手の痕跡、描く行為の過程の方に重点が置かれるのです。ポロックは、一九五六年、自動車事故により、四四年の伝説的な生涯を終えるのですが、彼の作品は日本にも多大な影響を及ぼし、大阪に具体美術協会という前衛芸術家集団を生み出しました。私は吉原治良《じろう》、白髪《しらが》一雄等によって結成されたこの具体美術協会こそが、日本で現代美術が花開いた最初にして最後であったように思います。私自身、彼等との直接的な交流の中で知った現代美術の絶えず既成概念を打ち破っていこうとする姿勢には、表現を考える上で多大な影響を受けています。

　ポロック以降、現代美術はさらに多様化していき、抽象表現主義に見られる身体性を発展させたパフォーマンス、デュシャンの流れを汲むコンセプチュアル・アート、不要なものを最大限切り捨ててその後に残るものだけを強調するミニマル・アートといった新しい流れが登場します。その一方で戦後、アメリカにおける大量消費社会の到来によって、ポップ・アート[★2]が登場してきました。ポップ・アートにおいて、問われるべきは表現の手法そのものでしたから、対象物や地理的な特徴さえ布で梱包することであらたな価値をもつ表現に至らそうとするクリスト、裸の人体に青色の絵具を塗りつけ、人体のかたちをキャンバスに押し付けてプリントするイヴ・クライン、セザールのスクラップにされた自動車を圧縮機で四角に固めるコンプレッション等、実に様々な方法論が、現代美術として展開されていきました。アンディ・ウォーホール、ロイ・リキテンシュタイン、クレス・オルデンバーグ等の作品もまた、マスメディアと工業製品が豊富に提供するイメージを積極的に用いることで、見かけのポップさと裏腹に、マスメディアと、それによって操作される消費型社会を暗に批判する、ポップ・アートの一つなのです。

建築の脱近代

ポップ・アートの台頭と呼応するかのように、建築の世界においても初期の生命感を失ったモダニズムの教条主義的な美学を批判し、建築の本来持つ多様で豊かな表情を取り戻そうという動きが顕在化していきます。その最たるものが、ロバート・ヴェンチューリが一九六六年に発表した著書『建築の複合と対立』★3でした。ミースの有名な「less is more」(少ないことはより豊かである)を「less is bore」(少ないことはたいくつである)と揶揄したヴェンチューリは、近代があくまで普遍性を追求したのに対して、ポップ・アート同様、大衆的、日常的な事象を手がかりとしながら個別性を基盤とする建築論を展開します。ヴェンチューリは、その後も、建築の表象性に着目した『ラスベガス』(一九七二年)、『都市とシンボル』(一九七六年)といった著書によって、脱近代建築を謳いながら、巨大な文字のみでファサードを構成したBASCO、花柄の包装紙もどきで建物全体をくるみパッケージデザイン化したベスト社ショールーム等、実作においてその理念を具現化していきました。やはり彼の最高傑作といえるのは、事実上彼のデビュー作となった一九六三

母の家　1963年。ロバート・ヴェンチューリ（写真／植田実）

年の「母の家」だと思います。家型、田の字型の窓といった家のイメージの原型で構成されたこの住宅は、西欧古典主義の建築家アルベルティのファサードをモチーフとして引用するといった歴史に対する偽悪的なアプローチを含めて、彼の理念が見事に体現されており、同時に一つの建築として十分な評価に値する魅力をもった作品に仕上がっています。

第1章でも取り上げたチャールズ・W・ムーアの一九六五年の作品、サンフランシスコ北方の海岸沿いに建つシーランチ・コンドミニアムもまた、ヴェンチューリ同様、ポップ・アート的感性をもってつくられた建築です。アメリカのヴァナキュラーともいうべき、納屋を思わせる造形感覚は、近代主義にはなかった日常的なものを再発見する彼独自の視点から生まれたものでした。シーランチでおもしろいのは、各住戸に挿入されたジャイアント・ファニチャーと称される二階建ての家具ユニットの存在です。その表面には機能とは無関係に大きなシンボル（図像）がペンキ塗りされており、それによって空間が全く異質なイメージへと転化されているのです。この手法は、建築表層部に、その構成要素と必ずしも整合しないような別種の図像を覆い被せるという意味で、スーパー・グラフィックとも呼ばれたものですが、現代美術におけるいわゆるラージスケール・ペインティングと相通ずる所があります。ヴェンチューリ、ムーアらの試みは、その後の一連のポストモダン・ムーブメントに繋がっていく訳ですが、改めて見直してみてもやはり彼等の作品には、単に奇をてらい、他との差異ばかりを強調する有象無象とは異なる、葛藤の末に勝ち取られた豊かさが、感じられます。

建築とアート

建築とアートといえば、先年、ビルバオ・グッゲンハイムを完成させたフランク・O・ゲーリーがまず思い浮かびます。まるで、ボール紙で模型をつくるかのような奔放な形態操作によって生み出されるゲーリーの建築は、建築というより、一つの現代アートのように見えます。私が、初めて見たゲーリーの建築はゲーリー自邸（一九七九年）でしたが、そのとき受けた衝撃は今も忘れません。後に、ＭｏＭＡ（ニューヨーク近代美術館）のデ

ゲーリー自邸　1979 年。フランク・O・ゲーリー（写真／新建築社）

コンストラクティブ・アーキテクチャー展（一九八八年）で主要な作品として取り上げられるような断片化、切除、回転、ゆがみといった形態処理、そして波型亜鉛鍍金板、金網、裸のままの米松合板、二×四《ツーバイフォー》のフレームといった工業的素材を多用している点等、ゲーリーは自邸によって、既に通常の建築概念を超えたアートとの関わりの中で、彼独自の表現を獲得していたのです。建築家として出発した当初からフランク・ステラ、リチャード・セラ、クレス・オルデンバーグといった現代美術作家達と深い関わりを持ってきたゲーリーは、自分の建築はアートであるといった発言を残してもいます。実際彼は、友人であるアーティストとのコラボレーションによって、いくつかの建築作品をつくりあげてもいます。ゲーリーとは、スイスのバーゼルで、同じクライアントのためにオルデンバーグの彫刻を挟んで、向かい合うように建築をつくったこともあって、親しい関係を続けていますが、ビルバオにおいて一つの節目を迎えたゲーリーが、次はどのような建築をつくるのか、楽しみにしています。

コラボレーションの可能性――ピューリッツァー・ミュージアムと直島

近代建築の巨匠ル・コルビュジェもまた、その輝かしい数々の作品の多くを、他者とのコラボレーションによって生み出しましたが、自分自身の経験を振り返ってみても建築におけるコラボレーションには、大きな可能性が秘められているように思えます。互いの意志のぶつかり合いが必然となる故に、絶えず他者との緊張関係を余儀なくされるコラボレーションは、いってみれば闘いです。そこでは、よりよいものを互いに求め、ひたすら対話を積み重ねていかねばなりませんから、非常に疲れるし、時間もかかる。しかし、このとき生じる摩擦が大きければ大きいほど、積み重ねられる対話が多ければ多いほど、その結果生まれる作品には奥深い魅力が生まれてくるのです。そのときの緊張感が、作品にある種の強さを与えるのです。

二〇〇一年に完成を迎えた、アメリカのセントルイスの、ピューリッツァー賞で知られる同家の個人美術館は、当初から美術館に作品を収めることとなるリチャード・セラ、エルズワース・ケリーといったアーティストの意見を取り入れながら設計を進めてきました。初めは、参考意見として聞いておこうという位に考えていたのですが、いざ話し合いが始まってみると、セラが「ここの壁はもっと長くしろ」と言ったかと思えば、ケリーは「この空間に私の絵は合わない」と言い張り、好き勝手に自分の作品の設置場所を決め出す――といった具合に、それぞれが自分の意見を持って、それを押し通そうとしてなかなか話がまとまらない。勿論、こちらにはこちらの考えがあるから、話し合っても妥協案など生まれるわけもなく、現地を訪れる度に、気が遠くなるような打ち合わせが続きました。現代美術の大家として、セラ、ケリーには尊敬の念を表して止まないし、意識の上では彼らと時を共にできることに大きな喜びを感じているのですが、気持ちの方がついつい逃げてしまう。とにかく一つ前に進むために膨大なエネルギーが要されるのです。とはいえ、建築と現代美術とが衝突し合い、互いに刺激し合うような場所こそが、彼等の作品に相応しい、予期せぬ驚きをもたらす空間となっていくのもまた事実です。

直島につくった美術館（直島コンテンポラリーアートミュージアム）でも、アーティストと、私のつくった建築との刺激的なコラボレーションを経験しています。ここでは、作家が自由に発表の場を決めることができるので、思いもよらぬところにアートが登場することもあるのです。とりわけ、印象的だったのは、真っ白な壁に、突然二つの円を描き出したリチャード・ロングでした。建築家として、自分のつくった空間に〈異物〉を持ちこまれるのを気にしないと言えば嘘になります。が、ロングの行為は確かに、この空間に新しい風を吹き込みました。コラボレーションとは、難しいものですが、同時に可能性を広げるものでもあるのです。

★1　デ・スティル　オランダ語で「様式」を意味する同名の雑誌を中心とした造形運動のグループ。芸術のさまざまな分野にまたがり、二〇世紀固有の表現、特にモンドリアンの絵画に代表される単純な幾何学を用いた表現の可能性を追求。

★2　ポップ・アート　一九六〇年代ニューヨークを中心に勃興。大衆社会の文化・風俗を積極的に芸術の主題として取り上げたもので、ジャスパー・ジョーンズやロイ・リキテンシュタインらがその代表的作家である。

★3　『建築の複合と対立』　ニューヨーク近代美術館から発行される現代建築の理論的背景に関するシリーズ本の第一巻として、R・ヴェンチューリにより一九六六年に著された。ル・コルビュジェの『建築をめざして』以来の重要書として、またポストモダニズムの理論書として多大な評価を得た。

P.151　リチャード・ロングの制作風景　直島コンテンポラリーアートミュージアムにて（写真／山本糾）
P.152～153　ピューリッツァー・ミュージアム　外観（写真／新建築社）
P.154　ピューリッツァー・ミュージアム　中央水庭　P.155　内部ギャラリー（写真／新建築社）

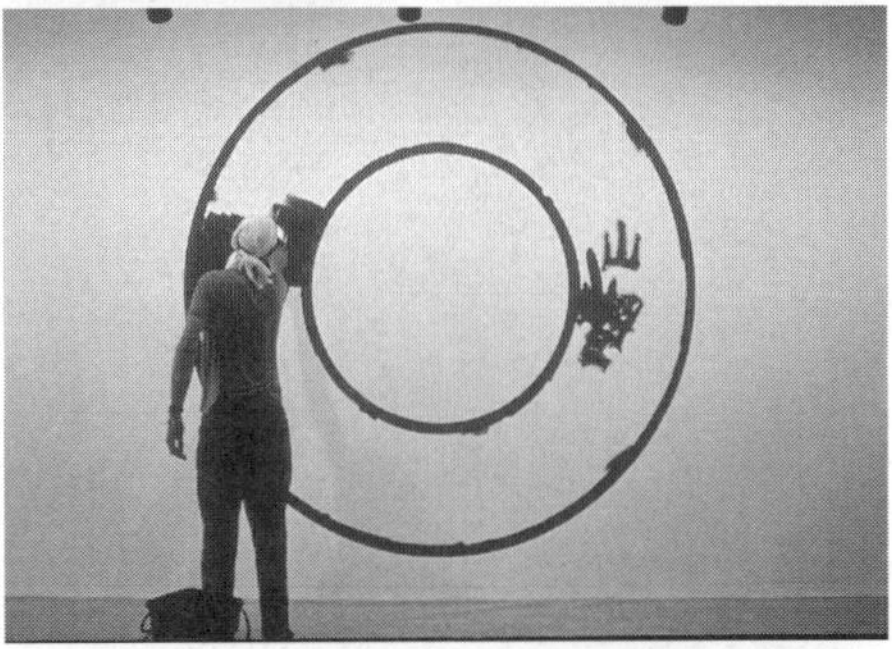

第8章　場をつくる

そこにしかできない場をつくる――シドニーのオペラハウス

建築とは、決して理念のみで成立するものではなく、その建築と場所、歴史、社会といった様々なものと近代の論理の「対話」があって、初めて生み落とされるものだと私は考えています。今世紀、西欧に生まれた近代建築は、経済合理性を唯一の論拠とする現代の制度によって、揺るぎない地位を与えられ、地域、風土といった、近代の論理と相容れないものを容赦なく切り捨ててきました。しかし、建築が重力の支配を受け、土地に定着せざるを得ないものである以上、それはどこまでいっても場所とは切り離せないものであり、またその場所には、単に経済性のみで捉えることはできない多様な価値が、固有の場の記憶として既に刻まれているのです。何より場所性を無視してつくることは、建築によって場の力を顕在化させる、すなわち敷地を味方につけてより豊かな環境を形成する好機を放棄することになります。

近代建築の名作の数々が、いかにしてつくられてきたのか、そのプロセスを振り返ってみても、そこにあるのは単に形態のスタディだけでない、絶え間なく、繰り返される他者との対話の軌跡です。作品によって、その対話のプロセスは一編のドラマとなるほどに波

シドニー・オペラハウス　1973年。ヨーン・ウッツォンほか（写真／安藤忠雄建築研究所）

乱に満ちたものもあります。そんな中で建築と場所の問題を考える上で、また社会に与えたインパクトを考える上で、一九七三年に完成したシドニーのオペラハウスほどに計画段階から多くの人々の興味と関心を引いた建物はありません。現在ではシドニーのみならず、オーストラリア全体のシンボルとして親しまれているこの建物の、十数年にも及んだその計画と建設のプロセスは建築がどれほどに場所性と深く関わり、また社会に対し影響力を持ち得るのかを如実に示しています。

一九五六年に催されたオペラハウスの国際コンペで、見事一等を勝ち得たのは★1デンマーク出身のヨーン・ウッツォンで

シドニー・オペラハウスのスケッチ　ヨーン・ウッツォン

した。当時無名であった彼の鮮やかな入選が、まず大きな話題となりましたが、何より世間を驚かせたのは、彼によって描かれた港に浮かぶ白い帆船を思わせるような大胆な造形的表現でした。一九五〇年代、いまだ機能主義全盛の時代にあって、ウッツォンは〈かたち〉が意味を持った建築を提案したのです。

ウッツォンのオペラハウス案の最大の特徴は、コンクリートのシェル構造の組み合わせによる大屋根の造形です。これは決して内部機能から導かれたものではなかったので、当時の建築界では、その是非を巡って激しい論争が湧き起こりました。何より問題となったのは、表現の合理・不合理以前に、その屋根が、果たして実現可能なものかという点です。事

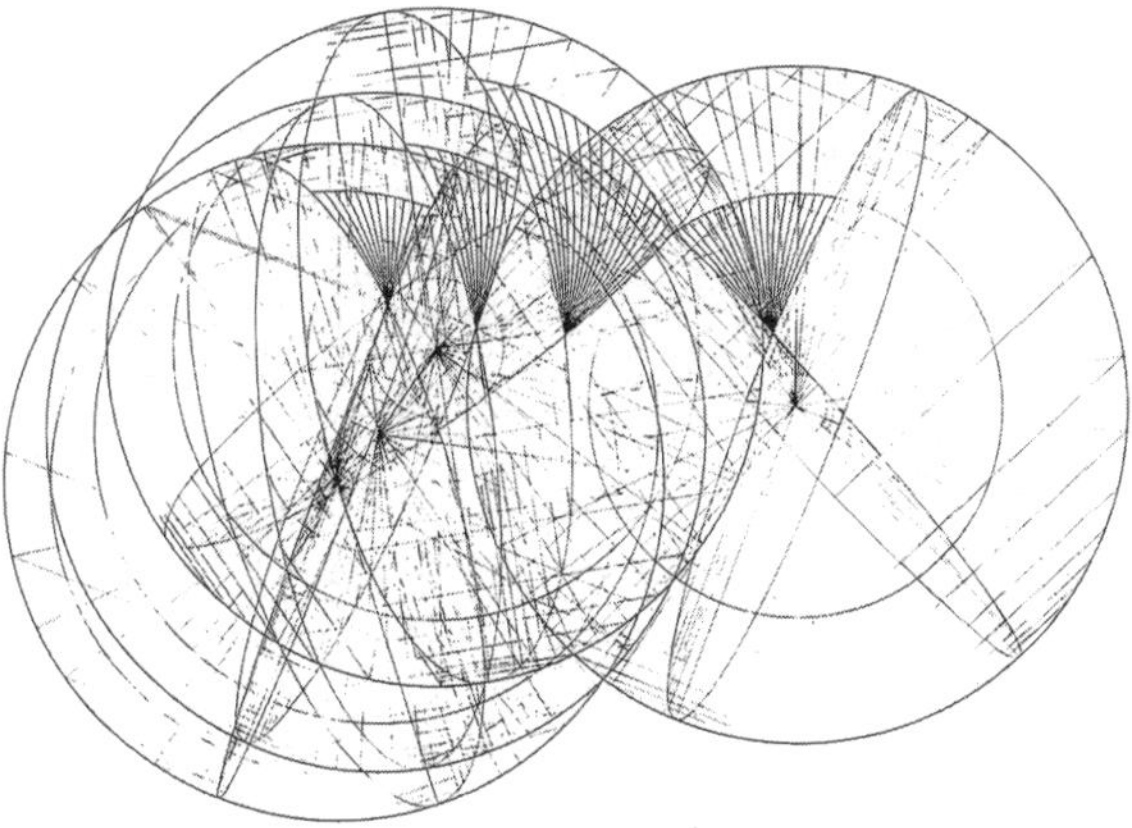

シドニー・オペラハウスの構造概念図　オブ・アラップ・アンド・パートナーズ

実、当時の技術水準では、ウッツォンの案は、構造的にも、施工的にも実現不可能だったのです。

その構造設計に、真っ向から取り組み、見事な解決へと導いたのが、今世紀を代表するイギリスの技術者集団、オブ・アラップ・アンド・パートナーズでした。安易に妥協することなく当初のデザインを守り抜くことを決意した彼らは、数年間の悪戦苦闘の後、球面ジオメトリーを導入することで複雑な曲面からなる屋根を、見事明快な幾何学的システムとして成立させます。屋根を構成するあらゆる曲面の部分を、一つの大きさの球から取り出すことで、建築部材の規格化に成功したのです。

ウッツォンの案は、一次選考ですでに

落選案として処理されていたのを、審査員の一人であったエーロ・サーリネンが後から拾い出し、強く推した結果採用されたものだといいます。サーリネンは当時、建築の技術に重きを置く構造表現主義[★2]を代表する建築家の一人でした。オペラハウスも、架構形式が大きな主題となっている点において、同じくこの流れに位置付けられるものです。構造表現主義においては、架構体自身が表現的性格を帯び、技術そのものが表現の一つの目的となっています。しかし、オペラハウスにおいては、技術が単なる手段にとどまらず、一つの芸術となって開花しているのです。

ともあれ、着工から一九七三年のオープニングに辿り着くまで一四年間、その完成のために費やされたエネルギーは莫大なものです。オブ・アラップの苦闘は言うまでもありませんが、工事費にしても、その総額は実に四〇〇億円にも及び、財源の一部は宝クジでまかなわれたといいます。また政権の交代によるクライアントからの締め付けによって、ウッツォンは辞任を余儀なくされ、代わりに採用された地元建築家によって、内部デザインは、ウッツォンの当初案とは全く異質なものとなっていってしまうことになりました。以降、二度とシドニーの地を踏むことがなかったというウッツォン、単なる技術者としての範疇を超えて、ウッツォンの描いた夢を実現させたオブ・アラップ、そのプロセスを我が身のこととして注意深く見守り続けた社会——人々が、この建築に注いだ思いの強さが作品に漲る緊張感を与え、見るものに大きな感動を呼び起こすのでしょう。

インターナショナル・スタイルが世界を席巻し、建築が大地から切り離された存在となっていた当時、ウッツォンがオペラハウスによってつくろうとしていたのは文字通り〈そこにしかできない場〉としての建築であり、彼はオペラハウスによって、建築が単に人々の活動を受け入れる器であることを超えて、都市のイメージを変えるほどの力を持ち得るのだということを我々に示してくれました。シドニーの、シドニー港という場所だったからこそ、あの美しいオペラハウスが生まれたのであり、またその実現のために多くの人々が心を尽くしたのです。

現在、社会の高度情報化が進み、空間的な距離は意味を成さなくなるに至って、場所性の喪失、すなわち世界が均質化する風潮は、より一層進む傾向にあります。しかし、人間が実の世界に生きる存在である以上、場所は人間が自らの存在を確かめる拠り所となるものであり、建築はあくまでその場所に固有なものです。建築をつくる上で、何を主題として進めていくかは、人それぞれでしょうが、私は場所をその手掛かりとし、同時に格闘すべき相手として考え、そこにしかできない場所としての建築をつくり続けていきたい。そのように考えています。

創造と対話――ロンシャンの教会

シドニーのオペラハウスの国際コンペが開催された前年の一九五五年は、近代建築家ル・コルビュジェが彼にとって、ひいては近代建築の歴史にとって大きな転換点となった作品、ロンシャンの教会を完成させたときでした。ドイツとフランスの国境近くの小さな村、ロンシャンにある小高い丘にたつこの建築は、何より私自身にとって、原点ともいうべき空間体験を与えてくれた非常に重要な作品です。

ロンシャンを初めて訪れたのは、一九六五年、私が二三歳のときです。バスで、丘のふもとに降り立ち、繁った林を横目に山道を上り、頂上に近付いていくと、視界が開けるにつれて白い湾曲した壁が青空を背景に現れてきました。建物に至るアプローチ空間の秀逸さに感心しながら、期待に胸を膨らませ礼拝堂の門をくぐった私は、そこでそれまで抱いていた予想を裏切る、暴力的とでもいうべき激しさを秘めた空間に大変な衝撃を受け、しばし呆然としてしまいました。水平、垂直の一切が排され、スタッコの素材感が露わにされた粗野で彫塑的な造形、不規則な平面形状を有する内部空間を満たす洪水のような光。全てが、当時の私が持っていた建築の常識を完全に覆すものだったのです。

コルビュジェは「……ロンシャンでは、ミサを行う以外、何の制約もない……」といいながら、自らを拘束していた理性から解き放たれるかのように、力強い、シンボリックな表現へと向かっていきました。まるで大地に回帰するかのような彫塑的表現は、戦前の

ロンシャンの教会　1955年。ル・コルビュジェ（写真／安藤忠雄建築研究所）

ロンシャンの教会　内観（写真／安藤忠雄建築研究所）

〈白の時代〉と呼ばれる時期のピロティによる軽やかな建築表現とは、全く相反するものです。一九四五年、コルビュジェは「近代建築の長い革命は終わった」と述べていますが、彼は、自らが世に送り出したいわゆる近代建築が、二〇年代より広く世界に伝播していく中で巨大な生産力と結び付き、当初の輝きを失った退屈な箱と堕していく現実を見、形式としてのモダニズムの限界を思い知ったのかもしれません。そのような時期に設計されたこの教会は、コルビュジェにとって、自らの歩んできた道を否定するという皮肉な結果となりました。しかしこの作品における場所性、歴史性を回復する試み、かつてない自由な表現を追求し建築の可能性を拡大しようとした試みは、二〇世紀の建築を考える上で、欠かすことのできない大きな意味を持つものです。

ロンシャンの教会の、複雑な曲線を描くシェル構造の屋根、内部を満たす独創的な光の空間は一体どのような思考をもって産み出されたものなのでしょうか。第1章で、コルビュジェが非常にプロパガンダに長けており、自分の活動をすべて記録していたという話をしました。幸いにして、ロンシャンの教会においても、その完成にいたるプロセスの全てが、彼自身の手によって、一冊の本としてまとめられています。

記録によると、この礼拝堂の建設は、ロンシャンと並んで後期コルビュジェの傑作と称されることの多い、ラ・トゥーレットの修道院をともにつくることともなる一人の神父の後押しによってコルビュジェに依頼されたものだそうです。ウッツォンのオペラハウスの

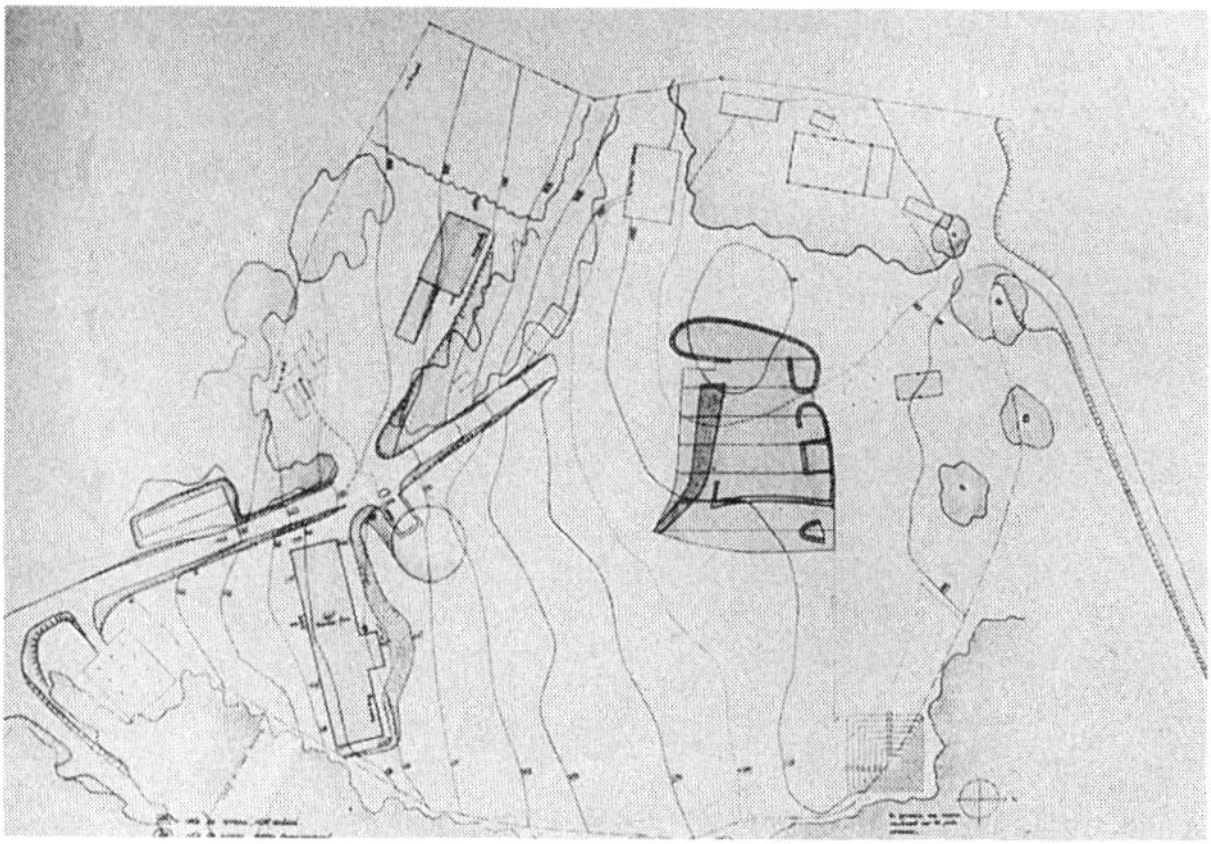

ロンシャンの教会配置図　ル・コルビュジェ

国際コンペもそうですが、建築の生まれるきっかけには、実に様々なものがあるのです。

一九五〇年、初めて敷地を訪れたコルビュジェが残したスケッチを見ると、そのときすでに彼の中で建築のイメージがほぼでき上がっていたことが分かります。おもしろいのはその中に、第1章で述べた、コルビュジェが二四歳のときの「東方への旅」で記されたアクロポリスの丘、パルテノン神殿のスケッチに酷似したものがあることです。敷地の特性を読み取るなかで、自然と蘇ってきた記憶なのかもしれませんが、計画の全プロセスに一貫して貫かれているのは、絶えず過去に手掛かりを求めて対話しようという姿勢です。本には参照された記憶の一つ一つが魅力的なスケッチとともに、克明に記されています。独特な屋根の架構のアイディアは、かつて海岸で拾った蟹の甲羅から生まれたものです。

しかし、これらのイメージの提出は、あくまで新たな発想の始まりであり、ここから、力学的条件、技術的条件、機能的条件さらには全体構成との兼ね合いなどにしたがって修正が加えられ、蟹の甲羅のイメージが、ついには建築へと変容されていく。設計とは自らの夢を建築として成立させるための、絶え間ない探求の過程そのものにあるのです。内部空間を満たす光の採光方法、及び光の塔の形状については、「東方への旅」の中で訪れたハドリアヌスのヴィラの遺跡にヒントを得たことが、そのときのコルビュジェの感動を伝えるスケッチとともに記されています。それが単なるイメージに留まることなく、現実の空間としてたちあがっているところがコルビュジェの天才たる所以です。

以来、何度となくこの教会を訪れていますが、あの至る所から鮮やかに彩色された光が襲いかかってくるような印象は、薄れるどころか、半世紀近く経た現在なお、驚きと発見をもたらし、私を挑発し続けています。建築にとって、光は常に重要な主題です。建築家によってその扱いは全く異なりますが、コルビュジェはロンシャンの教会によって、ただ光を追い求めるだけでも建築ができることを証明してみせたのです。

一九八九年に私が設計した光の教会は、ロンシャンの教会と同じく宗教施設という機能に対し、予算等大変厳しい条件下で私なりの光の空間を試みた建物です。ここではロンシャンの豊潤で多様な光の扱いに対し、開口部を限定し、素材を含めた他の建築的要素をも徹底して削ぎ落とすことで、十字に穿たれたスリットからの光のみが暗闇の中で浮かび上がるよう考えました。象徴的な光の十字架が、祈りを捧げるために教会に集まる人々の心を一つにする道標のようになればと考えたのです。規模的には大変小さな建築ですが、改めて光が人間の精神に働きかける力を考えさせられました。

地域主義の建築の系譜

建築における光を考えたとき、ロンシャンとともに思い浮かぶのが、ウッツォンと同じく北欧が生み出した偉大な建築家、アルヴァ・アアルト★3の建築です。初めての渡欧の際、まず降り立ったのが夏のフィンランドであり、白夜を味方に一日一二時間位、建築を求めてひたすら歩き回ったことが、ことさらにその印象を強めているのかもしれません。そのとき毎日のように通い続けたアアルトのラウタ・タロという建物や、アカデミア書店（ストックマン・デパート）の頭上から降り注ぐやさしい光には、本当に感動しました。北欧の厳しい自然条件の中で、室内に少しでも光を取り入れたいという思いから生まれたのでしょうか。このトップライトのしつらえだけでなく、アアルトの建築は、すべて北欧の気

ヴィープリの図書館　1935年。アルヴァ・アアルト

候・風土に即し、そこにあるのがとても相応しい感じにつくられています。

北欧は、欧州の先進諸国からやや遅れるかたちで、一九〜二〇世紀転換期に急速な工業化を迎え、独自の近代化を成し遂げた地域です。エリエル・サーリネンのヘルシンキ中央駅（一九一四年）、ラグナル・エストベリによるストックホルム市庁舎（一九二三年）など、簡素な形態に地域独特の素材を用いた初期の作品は、今見ても暖かみのある、親和的な魅力に溢れています。北欧の近代建築運動は、ストックホルム市立図書館（一九二八年）、森の火葬場（一九四〇年）などで知られるグンナー・アスプルンド、それに続くアアルトの登場によって、一気に国際的な注目を集めるようになるわけですが、彼らの建築の根底にも、先人達と同じく地域、風土への暖かい

森の火葬場　1940年。グンナー・アスプルンド

眼差しは生き続けていました。近代建築の巨匠として、世界を舞台に活躍したアアルトにしても、その作品は、国際的な評価に値するに十分な質を備えたものであったにもかかわらず、決して教条主義的な近代建築に陥ることなく、場所と条件に応じた柔軟さをもったものでした。

アアルトの建築を特徴づけているのは、一つには波打つ自由な曲面を用いて空間を構成する手法です。ちなみにフィンランド語でアアルト（aalto）は「波」の意です。しかし、一見不規則に見えるこの形態も、実は極めて合理的な発想から生まれたものであり、単に工業的な合理性ばかりではない、気候や地形といった外的条件をも考え合わせた上での機能に基づくものなのです。一九三五年のヴィープリの図書館の講堂天井、ニューヨーク世界博のフィンランド館などが特に印象的ですが、アアルトのデザイン対象は、什器のデザインにも及んでいます。

アアルトの作品を語る上で、欠かすことができない要素として、木という材料がありす。フィンランドというと、森を連想する人が多いですが、建築や家具用にそのまま使えるような良質な木材はそれほど採れるわけではありません。近代に至り、相応の性能を有した集成材が開発され、ようやく材料不足の難から脱することができたのです。これにいちはやく目をつけたのが、アアルトでした。新しい近代技術と彼の創造力が結び付いて、有名なアアルト独自の建築、家具がつくられるようになったのです。集成材を使った建築、家具は国中に普及しやがて海外にも輸出されるようになります。アアルトが、紙幣の肖像に使われるほどに、国民的英雄として扱われるのは、建築のみならず集成材の家具で産業を興し、国を潤わせたからです。アアルトの業績を振り返るにつけ、建築が、社会、地域に対して何ができるのかということを、いつも考えさせせられます。

アアルトと同じく、近代建築の造形手法を用いながらも、そこに地域の伝統を融合させようとした建築家に、メキシコのルイス・バラガンがいます。バラガンの作品で有名なのは、一九四七年、メキシコ市につくられたバラガン自邸です。ここで、バラガンは、メキシコならではの簡略化されたディテールによって、よりミニマムな空間構成を指向する一方で、スタッコの質感や、原色の派手な色使いによって、メキシコの伝統的イメージを体

マルコ・ドゥ・カナヴェーゼズの教会　1990年。アルヴァロ・シザ（写真／矢萩喜従郎）

現した、独特の抽象的表現に成功しています。そのフォルム自体は、地域の土着的な造形とは異なる、あくまで近代主義に基づくものなのですが、色彩と、内外空間の関係性の設定が、その建築を何ともそこにあるのが相応しいものにしているのです。

忘れてはならないのは、近代にあって風土とともに建築を考え続け、自らも地縁に立脚して生きた彼らが、あくまで近代という文脈の中で語られるべき建築家であり、その作品が、近代建築が本来有する普遍性と同時に固有性をも体現し得る可能性の広がりを示唆するものであったということです。

アアルトやバラガン、現代ではポルトガルの寂寥とした風土の中で独自の作風を確立したアルヴァロ・シザの作品等を見て私が思うのは、近代建築とは、本来多様な解釈を許容する概念であり、具体的な場所との関わりの中で、それぞれに発展し得る可能性を秘めたものではなかったのか、そして、建築をつくるという行為のもつ意味の一つは場所に内在する歴史、風土といったものを顕在化しその記憶をとどめていくことにあるのではないか、ということです。建築には、その拠って立つ環境に対して、何らかの応えを返す責務があるように思えるのです。

歴史、風土との対話――大阪府立近つ飛鳥博物館と狭山池博物館

建築の道に足を踏み入れた一九六〇年代以来、大阪を活動の拠点とし、そのほとんどの仕事を関西近郊で行ってきました。その中でも、とりわけ自らの拠ってたつ地域の場所性、歴史性を改めて考えさせられたのは一九九四年の近つ飛鳥博物館です。古事記に記載のあるように、奈良の飛鳥と区別して古代難波宮より近くの飛鳥ということで名付けられたこの建物は、一九七八年藤井寺にて発掘された大修羅の出土をきっかけに、古墳時代を伝える博物館として企画されたものです。敷地周辺には、三〇〇程の古墳が点在し、近くには有名な仁徳天皇陵古墳があるという、地域そのものが古代よりの歴史の刻まれた博物館のような所です。建築家として、この博物館建設計画に立ち会ったとき、私の頭に浮かんだのは、単に陳列されたモノとしての展示物を眺めるだけではない、周辺一体の、環境その

ものを対象とした建築の在り方でした。豊かな歴史を身体で感じ取れるような、場所そのものをつくりたいと思ったのです。そうしてひらめいたのが、谷間にある敷地に、劇場のような階段広場を屋根とした「現代の古墳」をつくり、展示室等、博物館としての機能をすべてこの中に収めるというアイディアです。

段状の広場をのぼると、その側にある墳墓とともに、周囲に広がる豊かな自然を一望でき、初春のころには梅林が、初夏には新緑が、秋には紅葉がその風景を彩ります。眼下には豊かな水をたたえた池がひろがり、四季の移ろいを水面に映す。ここで建築は、人と、歴史、その歴史が刻まれてきた場所との対話を促す装置であり、多様な価値が蓄積された環境を形成する一つの部分なのです。

近つ飛鳥博物館計画に際し行った調査で、改めて思い知ったのは大和川のもつ歴史的意義でした。かつて大阪が難波津と呼ばれていた時代、大阪は大和国家への大陸文化流入の門戸であり、八世紀の聖武天皇の時代には、帝都として花開いたこともあったといいます。その古代大阪と大和を結び、雄大な渡来文明の伝達経路として大きな役割を演じたのが、旧大和川です。河内の仁徳天皇陵を始めとした数々の墳墓のみならず、その諸支流はそれぞれ山麓に飛鳥を始めとした、三輪、布留、奈良などの文化を育成しており、文字通り古代日本の文化の大動脈ともいえる働きを負っていました。

二〇〇一年に完成を迎えた狭山池博物館もまた、同じく大和川流域に築造された日本最古の溜池である狭山池の歴史を伝えようと、計画された建物です。古事記・日本書紀にも記載のある狭山池は、築造以来のその長い歴史の中で、灌漑用水池として常に広大な農地を潤してきました。また奈良時代には行基《ぎょうき》、鎌倉時代には重源《ちょうげん》、江戸時代には片桐且元《かつもと》といったように、時代時代を代表する技師の手によって、増改築が繰り返されてきました。一九八九年よりは、平成の大改修として、狭山池に新たに治水ダムとしての役割を担わせる大工事が行われてきたのですが、その調査段階で、現在の堤体からは、その初期から昭和の大改修に至る改修断面が重層構造で現れてくることが発見されたのです。狭山池ひいては日本の土木技術史を物語る、この断層そのものを採取・保存していこうと企画されたのが、狭山池博物館です。ここでも、近つ飛鳥博物館同様、意図しているのは、狭山池そのものを展示物と考えた環境博物館としての施設の在り方であり、場所の持つ記憶、歴史を建築によって顕在化していこうとする試みです。

眼下に狭山池を仰ぎながら堤を一巡する桜の並木道、堤と博物館とを結ぶ折り重なるように配された外部階段、下り立った先の、人工の滝面に挟まれた水庭を巡る資料館……。その全てが、一体となって人々に狭山池という存在を強く意識させるよう、環境全体を視野に入れて、計画を進めてきました。現在、建物が建ちあがり、博物館自体も開館していますが、狭山池を取り囲む桜並木が堤を豊かに彩るようになるまで、この建築は終わりません。つくりたかったのは環境そのものなのです。

私が今、考えているのは、瀬戸内海から大阪湾、大和川を通って奈良へと至るかつての歴史街道を、瀬戸内文化圏として現代に甦らせることです。そのとき、これまで私が関わってきた、この地域に点在する文化施設が、文化ネットワークの拠点一つ一つになればと、現在、関係者に構想の具現化を訴えているところです。

★1　**ヨーン・ウッツォン**　Jorn Utzon（一九一八―）、デンマーク。建築家。シドニー・オペラハウスでギーディオンにより絶賛され、モダニズムの新世代の旗手に押し上げられた。代表作に「キンゴーの集合住宅」、「バウスベアーの教会」など。

★2　**構造表現主義**　一九五〇年代末から六〇年代初頭にかけて、構造形式を建築表現に積極的に活用した建築が多く現れた。このような傾向をもつ一連の作品群の呼称。

★3　**アルヴァ・アアルト**　Alvar Aalto（一八九八―一九七六）、フィンランド。建築家。ヨーロッパ近代建築を代表する巨匠のひとり。フィンランドの風土と近代建築の融合を図った建築を多く残した。代表作に「ユヴァスキュラの労働者会館」、「マイレア邸」、「パイミオのサナトリウム」など。

P.176～177　**光の教会**　内観、一九八九年（写真／新建築社）
P.178～179　**大阪府立近つ飛鳥博物館**　池越しに望む、一九九四年（写真／新建築社）
P.180～181　**大阪府立狭山池博物館**　水庭、二〇〇一年（写真／新建築社）

第9章　人を育てる場

育ち、育てること

「建築を通して何ができるのか」。建築を始めて以来、私は常にこう問い続けてきました。モノをつくるということは、新たな価値を築き上げるということです。私は建築をつくる上でも、単に与えられた機能を満たすだけの建物ではない、人々の予想を超えた可能性を感じさせる場がつくりたい。そこで人間が育ち、それとともに建物も成長していくような、命ある場所。建築を通じて、新しい〈何か〉が育まれていくことを、何よりも大切にしたいのです。

二〇世紀は、史上初めて大衆が主役となった時代です。そのような時代に登場した近代の建築家の主題もまた、当然大衆を対象とした社会と直結した建築の在り方に置かれました。かつて一部の特権階級を満足させるだけの芸術家であった建築家が、このとき初めて社会全体を見据え、社会が今何を必要としているかというところから発想、提案していく姿勢を見せるのです。コルビュジェに代表されるように、実作のみならずその思想によって世界に影響を与えていく建築家が現れるのも、近代以降のことです。

近代初期の作品が、今もってその輝きを失わず、私達をひきつけてやまないのは、それらが社会と向き合い、その矛盾と格闘する中で生まれたものだからです。そこにはつくり手個人の思いを超えた、時代、社会の描く〈夢〉が語られていました。

社会に対して受け身になるのではなく、自分の側から働きかけ、建築を通じて社会そのものを育てていこうとした彼らの姿勢を、私も忘れたくはありません。

二〇世紀の生活革命――アーツ・アンド・クラフツ運動からバウハウス

近代建築思想は、大衆により良い生活環境を与えるべく、誕生したものです。とりわけ、建築のみならず生活環境そのものの確立に大きな役割を演じたのが、一九一九年、第一次大戦後のドイツに創設されたバウハウス★1でした。それは日常の生活用品を、絵画や彫刻といった純粋芸術と同じ次元のものとして捉え、生活空間の充実をはかったという点において、まさに二〇世紀の〝生活革命〟と呼ぶに相応しいものでした。

バウハウスは、建築家ワルター・グロピウスによって構想、実現された造形芸術学校であり、新しい芸術形式と教育方法を生み出す実験の場として出発したものです。その教育課程は、工房における手仕事での制作活動を主とした、実践的な体験教育を意図したものでした。そこで建築は一連の造形訓練を経た後の、最終目標として位置付けられていました。

バウハウスとは「建築の家」といった意味で、中世の工匠組織にヒントを得て名付けられたものですが、バウハウスはその組織形態においても、中世の徒弟制度に倣ったかのような体制を営みます。そこには、未成熟ゆえに、粗悪な製品を生み出す機械生産を否定し、中世の手仕事的モノづくりへの回帰を叫んだ、一九世紀後半のイギリスの、ウィリアム・モリス★2によるアーツ・アンド・クラフツ運動の影響を見て取れます。

設立当初のバウハウスは、モリスの中世思想にならい、ひたすら手工技術の洗練を追い求める、現実的な生産性とはやや遊離した存在でしたが、設立から四年後の一九二三年頃より、単なる手工芸の修得から、新しい機械生産時代の造形原理の確立へと、その活動の比重を移していきます。この、手仕事的芸術と機械生産との一体化こそが、バウハウスの最大の功績なのです。

確かに、バウハウスを生み出した、アーツ・アンド・クラフツ運動にとって、機械生産の否定に運動の出発点はありました。だからこそ、モリスの運動は、工業化を必然とする時代との溝を深めていき、遂には失速していくのです。しかし、その影響が最も大きかったドイツにおいては、モリスらの描く理想の生活、その思想を積極的に受け入れはしたものの、機械生産自体は、決して否定はせず、むしろ早くから、芸術家が、量産のひな型の製作に関わるなどして、機械生産の可能性が熱心に探られていきました。

無論、ドイツにおいても、工芸の産業化に伴う、モノの品質と趣味の粗悪化は対処すべき大きな課題としてあったわけですが、産業革命で一歩出遅れていたこの国では、工業生

バウハウス校舎　1926年。ワルター・グロピウス（写真／新建築社）

ヴァイセンホーフ・チェア
1927年。ミース・ファン・デル・ローエ

産力向上は国家としての急務であったのでしょう。そのような傾向の推進力となったのが、一九〇七年の、グロピウスも参加していたドイツ工作連盟の活動と、それに続くバウハウスの試みだったのです。ここにおいて、手工芸的なデザインを機械に求めるのではなく、逆に機械生産に適した形態を模索する、近代主義的なデザイン指向が確立されたのです。

一九一九年から、一九三〇年の閉校までおよそ一〇年間、その間にバウハウスは、幾何学的な形態、原色のシンプルなデザイン、素材の率直な表現といった、今日のインダストリアル・デザインの原型となる作品を世に送り出し、新しい時代の、新しい生活に相応しい芸術の在り方を社会に訴えました。建築においても、インターナショナル・スタイルの記念碑ともいうべきバウハウス校舎が、一九二六年、グロピウスの設計によってつくられます。それは工業技術の持つ無国籍性に基づく、文字通り「国際的な」普遍性を有するものであり、各国で個別に展開されていた近代建築運動が徐々に一つの傾向へと収束していく、一つの契機となった作品でした。

二〇世紀の、人々の生活の近代化に大きな役割を果たしたバウハウス。その成果は、日常生活にあふれている機械生産による工業製品として、私達の生活の根底に生き続けています。

教育者グロピウスの軌跡

バウハウスをつくったグロピウスの、近代建築史における最大の功績は、設計の仕事よりも、偉大な教育者としての一面にあります。バウハウス時代には、パイプ椅子のデザインで知られるM・ブロイヤーを始めとした、優れたデザイナーが様々な分野で輩出、その後の近代デザインの展開に、大きく寄与しました。日本からも、山口文象、山脇巌、山脇道子らが、グロピウスの元を訪れました。彼らを通じて、グロピウスの思想は、日本にも少なからぬ影響を与えています。

しかし、バウハウスが世に送り出したデザインは、その斬新さゆえに、保守的な勢力から圧迫を受け、校舎も一九二五年、ワイマールからデッサウへの移動を余儀なくされ、二八年にはグロピウスも校長を辞任します。その後、グロピウスは、他の多くの芸術家や建築家と同様、ナチスに追われてアメリカへ亡命、今度はハーバード大学で建築の教育に携わります。ここでもグロピウスは、P・ルドルフ、I・M・ペイ、P・ジョンソン、ホセ・ルイ・セルトといった二〇世紀建築界を代表する多くの人材を育成し、その後のアメリカにおける現代建築発展の基礎を築きました。この時期、グロピウスの企画によってハーバードで行われたS・ギーディオンの講義を基にして生まれたのが、一時期近代建築のバイブルとさえ言われた『空間・時間・建築』です。グロピウスなくして、戦後アメリカ建築の興隆はなかったといっても過言ではないでしょう。

グロピウスは、その最初期から大衆民主主義の社会理念を根底に活動を続けてきましたが、ハーバードではとりわけ、その理念を徹底化させます。ここでグロピウスは、民主主義的な建築教育に目標を設定し、個性的芸術性を否定するチームワーク形式の設計方式の教育、実践に力を注ぎました。その理念は、一九四五年にグロピウスが中心となって結成したパートナーシップ、TACにおける実践を通じた建築教育によって、さらに推し進められ、より実り多い成果を残します。自らとは相当年齢差のある若者達と、完全に対等な立場をもって結成したTACにおいて、グロピウスが意図していたのは、実務経験のない若手建築家に、少しでも多くのチャンスを与えることであったといいます。TAC出身者の中には、マイケル・グレイブスの名があり、また一方ではケンブリッジ・セブンなどの設計事務所がここから生まれました。一九六九年、グロピウスは八六歳で没しますが、TACはその後も残り、全米屈指の大手組織事務所にまで成長していきます。

戦後アメリカのモダニズム開花に貢献した人物としては他にも、グロピウスの後、三代目バウハウス校長を務めたミース・ファン・デル・ローエがいます。そのミースもまた、一九三八年に、ナチスの脅威からアメリカへと亡命、シカゴのイリノイ工科大学で教鞭をとります。ミースの場合、「タクシーにばかり乗っているので、町は見ていない」という彼の言葉からも分かるように、余り他人と関わることを好まなかったようです。ミースは何よりその実作において、アメリカはもとより世界中の建築界に決定的な影響を与えました。二〇年代からミースが温めつづけてきた均質空間（ユニヴァーサル・スペース）の概念がここで初めて具現化されるのです。

ハーバードでの教育を通じて近代主義理念をアメリカに定着させたグロピウス、ガラスと鉄の高層建築によって、近代建築の原型を提示したミース。建築を通じて多くの人々に影響を与え、育てていった彼らは、結果として社会そのものを育てていった。社会を見据えることから出発し、社会をより良いものにしていくために建築を考えた彼らだったからこそ、あのような大きな仕事を成し遂げることができたのでしょう。

教育の時代

二〇世紀、大衆化時代の到来は、教育という面においても、大きな変化をもたらしました。それまで一部の特権階級の文化的問題であった教育が、広く大衆に開かれたものとなっていくのです。建築の世界においても、一九世紀後半頃から、時代の要請に従い、それまでの少人数を対象とした才能教育、いいかえれば芸術家としての建築家を育てる教育から、社会にも通用する職能人としての建築家を育てる教育へと移行していきます。そのような、民主主義的な建築教育の基礎を築いたのが、グロピウスの一連の教育活動だったといえるでしょう。

グロピウスは、普遍的な教育の在り方を模索し、チームワーク形式の設計方式へと到達しました。しかし彼が批判したプリマドンナ的な建築家の象徴ともいうべきフランク・ロイド・ライトもまた、人を育てることにこの上ない情熱を注いだ人物です。そのライトによってつくられた人を育てる場、それがタリアセンの建築群です。

タリアセンの教え

タリアセンとは、ライトの自邸であり、アトリエであり、学校でもあった、彼自身のユートピア建設ともいえる事業でした。

タリアセンには、最初にウィスコンシン州のスプリング・グリーンにつくられたタリアセン・イースト[★3]と、冬のためのアトリエとして、アリゾナ州の砂漠の只中につくられたタリアセン・ウエスト[★4]とがあります。その二つのタリアセンは、およそ二〇〇〇マイル離れて位置するのですが、ライトはその弟子たちとともに、毎年キャラバンを組んでその間を大移動し、四月から一一月までをイーストで、一一月からその翌年の四月までをウエストで過ごしたのです。アメリカで生まれ、アメリカに生きたライトならではの、雄大な構想です。

私自身が直接訪れ、とりわけ深い感銘を受けたのは、タリアセン・ウエストの方でした。広大な砂漠の中、地平線の遥か彼方に緩やかな曲線を描く長いアプローチが浮かんでいるように見えてきました。そこには、驚くほど大きなサボテン以外、生命を感じさせるも

ワルター・グロピウス
Walter Adolf Gropius（1883—1969）、ドイツ。建築家。バウハウスの指導者として近代建築の体系づくりに貢献した。アメリカ移住後にはアメリカの近代デザインの確立に大きな足跡を残した。代表作に「バウハウス校舎」など。

ミース・ファン・デル・ローエ
Ludwig Mies van der Rohe（1886—1969）、ドイツ。建築家。鉄とガラスを主要な材料としたモダニズムの均質性を極限まで推し進めた作品を多く生み出し、ル・コルビュジェとともに近代建築の確立に大きく貢献した。代表作に「バルセロナ・パビリオン」、「ファンズワース邸」、「シーグラムビル」など。

フランク・ロイド・ライト
Frank Lloyd Wright（1867—1959）、アメリカ。建築家。シカゴでルイス・サリバンに師事、後に住宅作家としてデビュー。幾何学的なモチーフや流動的な空間はヨーロッパにも影響を与えた。生涯に、400件近い建築を実現させた近代建築の巨匠の一人。代表作に「帝国ホテル」、「落水荘（カウフマン邸）」、「グッゲンハイム美術館」など。

のは何もありません。訪れる人は誰しも「何故このような場所に建てたのだろう」、そう思わずにはいられない。タリアセン・ウエストは、そのような過酷な環境のもと、延々と歩いた先に、砂漠の太陽の建物として力強く建っていました。それまで私が目にしてきたどの建築とも異なる、荒々しくも生命力溢れる建築群がそこにあり、それが全てを物語っていました。このとき初めて、ライトの建築を、その思想から理解できたように思います。

タリアセンは、一九三八年以来、ライトを慕って世界各国から集まってきた、若い建築家や建築家志望の学生たち自身の手によって建設されてきたものであり、彼らはここで生活を共にしながら建築を学んだのです。その教育方針は、〝生活即建築〟という非常に個性的なものでした。

タリアセンの教えは、まず自分の生活場所を、砂漠に築くことから始まります。材料の入手、建設作業、全てを自分の手で行わなければならないのです。そうすると、過酷な気候の中でどのようにしたら生き残れるかを考えざるをえないから、自然と住みやすさを求めて自分なりの工夫、自分なりのデザインが生まれてくる。それこそが、建築、住まいの原点だとライトは説いたのです。キャラバンを引き揚げるときは、ライトが若者達のつくったテントを一軒一軒講評してまわったといいますが、体験者の記録を見ると、人々の出身国それぞれの個性が、簡易な住まいにも表れていたとあり、ライトの目論見が見事功を奏していたことが良く分かります。

ライトは、単に建築家として育つための教育を授け、設計活動に参加させるばかりでなく、農耕から炊事、清掃や大工仕事といったような人間の生の営み全てを通じての全人格的な養成方式によって、建築家を生み出そうと考えたのです。まず生活ができなくては、人間の精神と肉体を包む建築をつくることなどできるわけはない――そのようなライトの信念に、私自身、大変な共感を覚えます。

ライトは、また自分の真似をされることを極度に嫌ったといいます。自らの教えを一つの軸としながら、各々が、その個性を個性として生かしていくことを、ライトは望んだのです。その思想は、グロピウスに象徴されるような、近代的教育制度とは全く異なる、徹底した個人主義を基礎としたものです。既成の制度的で平均的なものの在り方こそ、ライトが最も嫌ったものだったのです。

コルビュジエ、ミースといった近代建築の立役者となる建築家たちよりは、一回り上の世代にあったライトは、その初期において、主に造形面で西欧近代建築運動に多大な影響を与えており、それゆえライトの下には数多くの建築家がヨーロッパから訪れました。その中には、後にカリフォルニアにおいてモダニズム建築を開花させる、ルドルフ・シンドラーやリチャード・ノイトラらのように、そのままスタッフとしてアメリカに留まるものもいました。また日本にも、後に甲子園ホテルをつくる遠藤新を始めとして、土浦亀城、星島二郎、岡見健彦といった後の日本近代建築界を担うこととなるライトの信奉者が現れ、そのうちの何人かはタリアセンに参加します。

しかしライトの建築手法は、その強過ぎる個性ゆえに誰にでも真似できるといったものではなく、また一度その洗礼を受けると容易に離れられなくなるほどにアクの強いものでした。そのため、その思想を受け継ぐものは、ライトの直接的な弟子達の亡き後は、それほど多く現れませんでした。帝国ホテル建設の際に、スタッフとしてライトと共に来日したアントニン・レーモンドにしても、ライトの建築から離れ、独自の作風を生み出すのに随分苦労したといいます。

しかし、ライトの建築から、私達が学ぶべきその本質とは、有機的といわれるような、自然から生きる態度を学ぶ彼の姿勢です。その姿勢は、タリアセン出身者にして、アーコサンティと称する建築群を一九七〇年より師と同じく生活者自身の手によって今もつくり続けている、パオロ・ソレリが最も良く受け継いでいるのかもしれません。

ライトの生前、タリアセンは絶えず増改築がなされついぞ槌音が止んだことはなかったと言いますが、ライトの亡くなった今なおタリアセンの建物は人々に使われ、生き続けています。ライトは、有機的建築という概念を掲げ、他の追随を許さぬ傑作を数多くつくりだしましたが、永遠に完成を迎えないタリアセンこそが、その最も有機的な理論の実践であったのかもしれません。それは、命をもった、生き物としての建築でした。

タリアセン・ウエスト　1938年。フランク・ロイド・ライト（写真／安藤忠雄建築研究所）

アーコサンティ　1947年に渡米しライトのもとで修業したパオロ・ソレリが、70年よりつくり始めた彼独自の形態観、自然観、宇宙観を具現化したユートピア。現在も建設中（写真／新建築社）

タリアセンの素晴らしいのは、人を育てる場として、ただ〈自由〉という可能性のみが提案されていた所でした。教育とは、教えると同時に、育てることです。日本の学校教育に欠けているのは、まさにこの〈育てる〉という意識です。

人を育てる場

一九八九年に私がつくった兵庫県立こどもの館では、子供が遊ぶための遊具ひとつ置かず、ただ周囲の自然と対話することを第一の目的としています。そこで、子供達は自由に考えることを楽しんでおり、実に生き生きとして見えました。これまでいくつかの文化施設計画に関わってきましたが、私が常に大切に考えているのは、そこを子供達が成長していけるような場所とすることです。そのためには、箱モノ行政としてよく批判されるような、ただ器としての建築ではなく、ソフト面をも含めて考えられた命ある建築づくりをしていかなければなりません。

一つの試みとして子供の彫刻原画コンクールが国際的なビエンナーレ形式で催されています。その中から選ばれた作品をもとにつくられた彫刻が、建物周りに少しずつ設置されてゆき、子供の成長と共に建物も成長してゆきます。

瀬戸内に浮かぶ小島直島に、一九八八年に依頼を受けた国際キャンプ場も、子供達のためのものでした。それ以来直島には、九二年の現代美術館第Ⅰ期計画、九五年の第Ⅱ期計画、現在進行中の第Ⅲ期計画と、十余年にわたって関わり続けてきました。タリアセン同様、つねに増殖を続ける美術館なのです。ここでも建築とともに、何より訪れた人々自身が何かを発見し成長していけることを期待しています。

普通、美術館といったとき、アクセスのしやすさが集客力に反映し、その運営の成否を決定している場合が多いのですが、直島の場合、立地条件は四周が海という、非常に便の悪いものです。依頼を受けた当初は、その点に不安を覚え、躊躇しなかったといえば嘘になります。しかし逆にその隔離された環境が現代美術の鑑賞の場として相応しい無限の可能性を有するように思ったのと、何よりそこから見渡せる瀬戸内の美しい海景が、計画への参加を決心させました。

美しい風景をいたずらに侵さぬよう、ここでは建築を大地に埋め込むように配し、できる限り建築が見えなくなるよう努めました。この場所を訪れた人々が、自然とアート、建築とが一体となってせまる刺激的な環境を身体で感じ取れるような、ただそこでの空間体験だけが残っていくような建築にしたかったのです。

この美術館では、アートは単に展示室の中に留まるのではなく、境界を越えて外へと飛び出していきます。瀬戸内の穏やかな海景の中に突如出現する、難解な現代アート。その刺激的な組み合わせが人々を挑発し、彼らを想像の世界へと誘うのです。

直島を訪れ、美しい海を背景に、不可解な、しかし魅力的な作品を眺めていると、現代アートとは、随分豊かなものだなと思います。現代アートは難解なものもあり、眺めていてもその意味するところは分からないものも多い。自然と、人々はそれが何であるのか考えざるを得ないわけですが、そこにこそ、現代アートのおもしろさ、豊かさがあるのです。

直島では、作家が直接現地を訪れ、制作された作品が数多くありますが、中には予定もなく、突然につくられ始め、完成をむかえた作品もあります。その、人に何かつくりたいと思わせる空気、それこそが「直島」の美術館としての最も素晴らしいところです。

また現在、島の旧市街、本村地区では、直島「家」プロジェクトが進められています。直島コンテンポラリーアートミュージアムでのコミッショニング・アートワークの試みを、美術館エリアを超えて新たに展開させたものです。

本村地区は、江戸から明治にかけての建物が数多く残る旧い町です。プロジェクトはその本村地区で、住み手のいなくなった伝統的家屋を美術館が借り受け、そこに現代美術をインスタレーションすることで再生させていこうとするものです。その最初の作品は、宮島達男さんの作品を収めた「角屋」の再生でした。次いで、かつて地蔵寺のあった場所に、その記憶を受け継ぐ形で私が木造建築を準備し、その内部にジェームズ・タレルが作品をつくりました。この旧い町の中に、現代アートのネットワークを組み込んでいく試みは、単なるアートプロジェクトとしての意味合いを超え、地域を活性化し、新たな価値をもたらしたように思います。

既成の美術館概念を超えて、島全体が、一つの人間と自然、人間と芸術との対話の場としてある、直島。ここを何より子供達が訪れ、考えることの楽しさ、難しさ、大切さを知って欲しい。彼らが、直島で、考える自由を学び、また一つ新しい自分と出会うきっかけを見つけてくれれば、と強く期待しています。

★1　**バウハウス**　技術時代の造形の追求と建築家の育成を目指して一九一九年にドイツのワイマールに創設された国立造形学校。初代校長にはW・グロピウスが就任した。一九二五年にデッサウに移転、ミース・ファン・デル・ローエも校長を務めた。ナチスにより一九三三年に解散。

★2　**ウィリアム・モリス**　**William Morris**（一八三四―九六）、イギリス。イギリスの詩人・画家・工芸家。一八六一年に友人と共にモリス商会を設立、室内装飾品の製作を行うなど、アーツ・アンド・クラフツ運動の主導者として手仕事を尊重したものづくりを推進した。

★3　**タリアセン・イースト**　一九一一年、F・L・ライト設計により、アメリカのウィスコンシン州スプリング・グリーンに建てられた住宅兼スタジオ。数度の火災を経て、現存するものは一九二五年の火災以降建てられたものである。

★4　**タリアセン・ウエスト**　アメリカ、アリゾナ州スコッツヴィルの砂漠の中に建つ、F・L・ライトの設計による冬の仕事場（一九三八年）。過酷な自然と建築との組み合わせに最大の関心が払われ、砂漠の石と木を用いたさまざまな種類と規模の住宅群が整然と配置されている。

P. 200～201　**直島コンテンポラリーアートミュージアム**　外観、一九九二年（写真／安藤忠雄建築研究所）
P. 202～203　**直島コンテンポラリーアートミュージアム**　アネックス水庭、一九九五年（写真／安藤忠雄建築研究所）

第10章　復興から

復興から

一九九五年一月一七日、阪神間を襲った大地震と、その後の復興のプロセスは、結果的に、防災、住宅、交通、地価、緑化といった現代都市の抱える様々な問題を露呈することとなりました。安全性という面において無防備であった都市基盤、高齢化が進む社会状況を浮き彫りにした復興住宅問題、多くの歴史的建造物が喪失されるなど、これまで経済的合理性に重きを置くばかりに都市に生きる努力を怠ってきた、その結果としての負の遺産が重くのしかかっているように思えます。古代ローマ時代、ウィトルウィウス★1が唱えた建築の「用・強・美」とは、建築、都市とは機能性、安全性を併せ持ち、かつ魅力的なものでなければならないとするものでした。現代の日本の都市はそのどれをも満たさない、単なる経済空間となっていたように思います。

あれから、七年の歳月を経た二〇〇二年現在、復興も一応の落ち着きを見せ、街もほぼかつての姿を取り戻したように見えます。人々の間で、被災地のことが話題に上る機会も少なくなりました。しかし、被災地の現在に目を向け、人々の生活を追っていくと、いまだ心の傷は癒えてはいないことに気づかされます。本当の意味での復興はこれからなので

阪神淡路大震災　倒壊したビル（写真／安藤忠雄建築研究所）

す。ここで言う復興とは、官の論理によるものではなく、〈公〉の意識をもつにいたった市民の、自らが住まう地域への愛情によって成しとげられるものです。この〈公〉の意識の欠如こそが、日本が貧困な都市空間しか持ち得なかった最大の要因だったように思います。

二〇代で自分を取り巻く生活環境――都市への怒りから建築を志した私にとって、震災からの復興は、再びその原点へと立ち返る、大きな節目となりました。集まって住むことの意味とは何か、公共とは何か、豊かさとは何か、そして自分には何ができるのか。命ある都市を目指し、今も日々考えつづけています。

都市にかける夢

阪神淡路大震災によって露呈した近代都市基盤の脆弱さに対し、日本の都市計画の不在を指摘する声が随分聞かれました。また、美しい街並み、豊かな公共空間といった、都市生活の豊かさを感じさせる場所が少ないのも、都市が計画的につくられてこなかったためだと言われることも多いようです。しかし、決して日本では都市計画が存在しなかったわけではありません。経済の論理が強すぎたため、ただその計画通りに実行されなかったことが多かったのです。

かつて、都市に夢を見て都市に生きるために闘った人々の栄光と挫折の歴史が凝縮されているのが、巨大都市東京です。今日の東京はどのように生まれてきたのかは、関東大震災後着手された震災復興事業から、第二次大戦後の戦災復興事業、一九六〇年代の東京オリンピックに伴う都市整備事業に至る都市計画を辿ることで、ほぼその全貌を摑むことができます。

関東大震災からの復興――後藤新平

復旧（＝旧状のままで再建）ではなく、復興（未来へ向けた抜本的な都市改造）という言葉を初めて使ったのは、関東大震災の翌日、内務大臣に就任し、帝都復興計画の推進者となった後藤新平でした。

関東大震災　横浜正金銀行前の惨状（写真／毎日新聞社）

地震による建物の倒壊と、戦前において世界最大といわれた都市大火によって、史上かつてない大惨事を引き起こした関東大震災——その原因が、既に世界最高水準にあった人口密度等の面に対し、都市基盤整備を含む建物、都市計画が全く追いついていなかったことにあったのは明らかでした。そこで震災前から既に、今日でいう建築基準法を公布するなど都市計画の制度化に奔走していた後藤は、震災後佐野利器《としかた》らを技術的ブレーンとして招き、すぐさま壮大な復興計画案を提出します。

街路、橋梁、公園といった都市インフラの大々的な整備を目指したその計画は、東京を安全な秩序ある都市として生まれ変わらせるのに十分な内容を含んだものでした。しかし、後藤の計画は否応なしに大規模な土地区画整理を必要とするものであったがために、当時の有力者をはじめとした諸方面から反対にあい、結果として予算は削減、計画は大幅な縮小を余儀なくされます。

しかし、構想の一部とはいえ実行された帝都復興計画は、明治以来遅々として進まなかった東京の都市改造を確実に前進させ多くの成果を残しました。

この時期につくられた都市遺産としては、中央に幅広い緑地帯を設けた昭和通りを始めとした、東京下町の主な幹線道路整備がまず挙げられます。都市の道路には並木と歩道をつくり、舗装されることが一般化するのもこのときからです。

そして、震災の教訓として単なる市民のレクリエーションの場としてだけでなく、防火地帯、避難地としての重要性が再認識された公園については、日本初のリバーサイドパークである隅田公園を始めとした浜町公園、錦糸公園の三大公園や、復興小学校に隣接して、五二の小公園などが新設されました。横浜にある山下公園も、この時期に復興のモニュメントとしてつくられたものです。

都市の遺産

帝都復興計画の残した業績を振り返ったとき、改めて思うのは、後藤をはじめとした関係者達が、いかに都市に集まって住むことの意味を、深く考えていたかということです。

都市における市民生活の豊かさとは、人々が互いの存在を確かめ合い、共同体としての生活を営む豊かな公共空間があって、初めて実感できるものです。帝都復興計画による新設街路は、戦後の街路より歩道の幅が広く設定され、その交差点や橋詰には、ちょっとした広場や、修景緑地が積極的に設けられるなど、都市空間に潤いを与えていました。また一挙に数を増した耐震耐火構造の橋梁にしても、その個性的なデザインには、橋を都市の美観・景観を担う都市施設と捉える設計者の意思が強く表れており、ただ機能のみに拠る現代の橋梁にはない存在感が感じられます。

しかし、彼らが、苦闘の末に残してくれた都市の遺産も、第二次大戦後の復興計画の失敗によって失われてしまいました。昭和通りの緑地帯は車道に利用するため撤去されてしまい、隅田公園の遊歩道は、高速道路によって潰されました。

近年、日本でも美しい都市景観を、との声が随分聞かれるようになりました。しかし今、私達が考えなければならないのは、いたずらにデザインの遊びに走るよりもまず、かつての人々が残してくれたものをいかに継承、発展させていくかということです。古いものと新しいものとが生き生きと共存する場所、それこそが、都市の財産となっていくのです。

同潤会アパートの誕生――日本近代集合住宅の先駆け

関東大震災からの復興事業は、都市住宅問題においても、大きな成果を残しました。特筆すべきは日本初の政府による住宅供給組織、同潤会の発足です。

設立当初は、無論、被災者向けの仮設住宅建設から始まりましたが、震災の混乱がおさまるにつれ、同潤会は時代の求める新しい形式の都市住居供給へと積極的に乗り出します。鉄筋コンクリート造の、欧米の生活様式をとり入れた同潤会アパートメントの建設です。同潤会は、欧米の集合住宅を参考にしつつ、東京と横浜で一六ヶ所、二七五〇戸余りを建設しました。その設計は、今見ても細かい配慮が行き届いたもので、限られた予算とスペースの中、室内空間を少しでも有効に利用しようとする設計者の創意工夫が至る所に刻まれており、大変魅力的です。また、計画には娯楽室、食堂、共同浴場といった福祉施設が巧みに組み入れられています。集まって住むことの意味が、良く考えられているのです。都市施設であるという点においても、街路に面した住棟の各々に特徴的なファサードなど、街路からの見えがかりまでが大事にされていることが分かります。昭和一六年をもって、同潤会は解散しますが、その意思は住宅営団に引き継がれ、戦後の住宅公団、住宅・都市整備公団、現在の都市基盤整備公団へと続いていきます。同潤会アパートメントが、人々に熱狂的に受け入れられ、今もって日本集合住宅のマイルストーンとして高い評価を受けているのは、それが近代化された生活を渇望する、時代の空気に見事応えるものだったからです。

帝都復興計画に沿って設置された隅田公園（写真／毎日新聞社）

青山の同潤会アパート（写真／植田実）

では、今回の阪神淡路大震災後の復興住宅として、求められているのが何かといえば、それはやはり高齢化の進む今の時代に対応した一つの共同体としての集住の在り方でしょう。多様な居住者が共通の価値観のもと集まって住み、その全員で一部の公共施設を共有する集住コミュニティ——いわゆるコレクティブ・ハウジング[★2]もその一つです。震災後、行き場をなくした老人が仮設住宅で孤独な死を迎えるなどといった、悲惨な事件が数多くありました。競うようにしてつくられた復興住宅もそのままに放置されるのではなく、社会状況を踏まえたソフト面でのサポートをもって、上手《うま》く生かされていかなければなりません。

失われた都市の記憶

関東大震災の残した教訓の、その最たるものは建築、都市の耐震化、不燃化でした。関東大震災は、木造住宅がいかに火災に弱いかを如実に示し、また明治以来、西欧より盛んに取り入れてきた石造や、煉瓦造の建物も、地震に対しては決して強くないことを証明してしまったのです。

よく、竣工披露式を催そうとしていたその当日に、大地震に襲われた帝国ホテルが、地震後ただ一棟無傷で残っていたというエピソードが、ライトの偉業として語られます。しかし帝国ホテルは、おそらく階高が低く、しっかりとつくられていたこと、地盤の軟弱さ

阪神淡路大震災で壊れた旧大阪商船神戸支店（写真／毎日新聞社）

が免震[★3]効果につながったことなどから、運良く被害を免れた例外的なものであり、現に同じくライトの設計による資生堂社長の福原邸は、地震で全壊しています。建築の不燃化、耐震化の問題に尽力したのが、後藤の構想を、常に技術面において支えてきた佐野利器でした。

佐野は震災以降、新しくつくられる全ての公共建築を鉄筋コンクリート造とし、その後は、民間の建物も佐野の試みに従っていくようになります。佐野のとった方針は、確かに都市を安全に住める場所とするに必然的なものでした。しかし一方ではこの頃を契機として日本近代初期を彩った多くの様式主義建築が街から姿を消していきました。

阪神淡路大震災の際にも、歴史ある建造物が甚大な被害を受けました。かろうじて全壊を免れた建物も、その後の復興の過程で解体されていきました。しかし、被災したからといって、安易に旧いものが全て取り除かれてしまったら、その建物だけでなく、その建物とともに生きた人々の、都市の記憶までもが同時に失われてしまいます。

被災した神戸の旧居留地周辺には、長野宇平治の旧三井銀行神戸支店や渡辺節の旧大阪商船神戸支店など、多くの様式建築の名作が並んでいました。震災後、私はすぐに各銀行の頭取のもとなどを訪れ、できる限り旧いものを残しながらの再建を訴えました。しかし建築の保存・修復とは新築よりはるかに難しいものですから、なかなか聞き入れてもらえず、瞬く間に街から旧い建物は消え失せていきました。日本人というのは、よほど破壊好きの民族なのか、何かつくろうとすると、とにかくまず、白紙に戻して考えたがります。

考えてみると、後藤ら先人達の残してくれた都市的遺産があっけなく消えてしまうのも、長い時を街とともに生き続けてきた歴史的建造物が、ためらう間もなく取り壊されてしまうのも、官だけでなく市民の側にも街に対する愛情が、また都市に生きるという公的意識が欠如していたからではないでしょうか。そして、その公的意識がないがために、日本では、優れた都市計画がたてられても受け入れられることなく、現在のような秩序のない都市空間が生まれてしまったようにも思います。これでは都市のストックなどは、いつまでたっても蓄えられません。

ワルシャワ広場　ポーランド（写真／世界文化フォト）

都市の何気ない一風景、街並みを彩る歴史的建造物も、人々を精神面で支える、立派な社会遺産なのです。人々が、意識を変えていかなければ、これから先も、街はどんどん人々の生活から離れていってしまうでしょう。

東欧の戦災復興

同じ戦災復興事業でも、日本でのそれと、西欧の諸都市、特にポーランドのワルシャワの辿ったプロセスとは、まるで正反対の姿勢を持つものです。第二次大戦の戦災後、全面的に破壊された街並みを前に、ポーランドの人々は昔のままの姿に復元することを望んだのです。実用性を優先するならば、もちろん、中世的な街並みを復元するよりは、近代的なビル街につくり変えたほうがはるかに効率は良い。現に、日本では戦争による街の破壊は、良くも悪くも、再開発の絶好の機会として処されてきています。

ポーランドの人々は、大変な努力の末、その偉大な事業を成し遂げました。それも、人々がその場所、その風景を、時代を超えて受け継いでいくべき都市の記憶として大切に考えているからです。それは、官の論理ではなく、民意による復興です。

フランクフルトの戦後復興計画においても、その始まりは人々に親しまれてきた広場を中心にして周辺の環境をつくり直していくことでした。復元にはおよそ半世紀近く、実に一九八〇年代前半までかかりましたが、実際の建設に要した時間は四年間、残りは、都市をどのようにしていくかという話し合いに費やされたといいますから、彼らがいかに都市というものを真剣に考えているかが良く分かります。

フランクフルトには、ムゼウムスウファー（博物館の川岸）と呼ばれる、装飾工芸博物館（R・マイヤー）、民俗学博物館、映画博物館、建築博物館（O・M・ウンガース）、郵便博物館など、数多くの文化施設が建ち並ぶ地域があります。そのほとんども、既存のヴィラが残る街並みを保存し、その内部のみを改装して博物館施設として転用したものです。街が昔のままの姿であってほしいと願う市民感情が、新しい建物に対しても、歴史的文脈に沿った在り方を望むのでしょう。このムゼウムスウファーを始めとして、フランクフルトの街には、改修された旧い建物がネットワークするように配されてあります。

心の復興を目指して——グリーンネットワーク、兵庫県立新美術館

復興を急ぐあまりに、そこに人間が住むことを忘れたような都市再建が行われてはならないという思いから、ひょうごグリーンネットワークの運動を震災後、被災地で始めました。これは被災地に緑を、官からのお仕着せではなく住民自らの手で植えていくことで、自分達の住む地域に対して愛情と誇りをもって欲しいという思いから始まったものです。単に木を植えるだけでなく長くその育成に関わることで、育てることの難しさと喜びを知って欲しかったのです。誰より、次代を担う子供達に参加してほしい。

街のあちこちに植えられた木々は、春には白い花を咲かせます。その花には、震災で亡くなられた六〇〇〇人を超える人々への鎮魂の想いが込められているのと同時に、街とともに年齢を刻む、かけがえのない都市の一風景として人々の心の拠り所となることが、そして木々を介しての人々の心のネットワークが生まれることが期待されています。

現在、技術の進歩、特に情報メディアの発達によって私達の生活は以前とは比べようもないほどに便利になっています。しかし、情報化が進むほど人間同士の触れ合いの機会は失われ、人々は孤立化しているように見えます。このような時代に生を受けた子供達が、自分以外の世界に関心を持てずに、社会的に不器用な人間に育っていくのも無理はないか

もしれません。今何より大切なのは、人々が命あるものに対する愛情を思い出すこと、そして自分達の生きる環境に対する意識を高めていくことではないでしょうか。グリーンネットワーク運動は、建築ではありませんが、私のこれまでの仕事の中で最も大きいものだと考えています。

二〇〇二年春、東部新都心で震災復興プロジェクトの一環として進められてきた兵庫県立美術館がついに完成を迎えました。先に完成していた神戸市水際広場に隣接して位置するものです。神戸市からの依頼による広場と、国際公募型のプロポーザルにより参加の決まった美術館の敷地が隣接していたのは全くの偶然でした。が、私は発注者も建設時期も異なるこの二つの計画を一体のものとしてまとめていく方針で臨みました。

つくりたかったのは、関東大震災からの復興の際、傷ついた人々の心を癒した隅田公園、山下公園のような、人々が集まって、対話し、復興へと向かう意思を確かめ合えるような場所です。そのような場所は、既成の制度にとらわれ、美術館と広場とを切り離して考えていては、決してつくることはできません。結局、この計画の最大の課題は、発注者も時期も異なる新美術館と広場とを、ハード面、ソフト面ともに、いかに境界を超えて一体化していくかにあったのです。敷地には、震災復興への精神的支援として各政令指定都市の協力により植えられた兵庫県の県木クスノキが、〈鎮守の森〉として育ちつつあります。

木々とともに街も育ち、次代を担う子供達のための、本当に豊かな都市環境が整えられていけば、と期待しています。

★1　**ウィトルウィウス**　Marcus Vitruvius Pollio（生没年不詳）、ローマの建築家。『建築書』を著し、古代建築の形式、材料、神殿、公共建造物、住宅、都市計画、軍事、天文学、機械等を論じた。彼の考え方は後にルネサンス期の建築家に大きな影響を与えた。
★2　**コレクティブ・ハウジング**　私的な領域と公共領域の間に、共同で使える空間を設けた都市型の集合住宅。働く女性のための新しい居住スタイルとしても注目されている。
★3　**免震**　建物の基礎部分などに積層ゴムや水平に滑る装置を設けて地震による揺れの強さを抑えること。

P.220〜221　兵庫県立美術館　二〇〇一年竣工

第11章　庭園

庭の世界

世界には様々な形式を持つ庭があります。日本にもまた、京都を中心として、世界に誇る庭園文化がありますが、改めて庭とは何かと考えるならば、それは人々の心の内にある楽園のイメージが具現化されたものだということができます。選び抜かれた立地、その地形を生かしきった布置の手法、計算し尽くされたアプローチの妙――庭園には、その造営に関わった人々、共同体の描いた夢の世界が、現れるのです。

それゆえ、庭園の空間構造を読み取っていくと、その形式を育んだ文化の体質、つまりその担い手である人々の生活環境が良く分かります。例えば、スペイン南部、グラナダにあるアルハンブラ宮の場合、その庭のつくられかたの背後に見えるのは、オアシス（＝泉）への憧憬、水の楽園を希求する精神です。アルハンブラ宮は、スペイン各地に残るイスラム文化史跡のうちでも、水を用いた繊細な美しさを持つ庭として特に有名なものですが、乾燥地帯に育ったイスラム文化にとって、水は文字通り生命の源の象徴だったのでしょう。

アルハンブラに限らず、水はあらゆる民族、宗教にとって神聖なものとして扱われてきました。水の扱いを追うだけでも、地域による庭園文化の違いを読み取っていける程です。

アルハンブラ宮殿の獅子の庭　スペイン、グラナダ（写真／世界文化フォト）

近現代に至ると、もはやかつてのようなかたちでの庭園が営まれることは少なくなり、庭は、公園、広場といった概念との境界も曖昧な〝都市における自然〟としての性格を強めていきます。欧米では早くから意識的に都市に自然をつくり出す試みが為されており、一九世紀半ばには、都市的ランドスケープの先駆けといわれるニューヨークのセントラルパークが生み出されるなど、確かな成果を残しています。しかし、自然をことさら愛し、自然に拠る生き方をもって、すばらしい庭園を数多くつくり出していた日本では、近年、自然への侵略が進み、なし崩しの環境破壊が進行しています。

地球環境そのものの危機が叫ばれている現在、失われた自然環境を取り戻すために、私達がしなければならないのは、まず何より私達自身の意識を変えていくことです。受け身でなく、自分達が環境に対して何ができるのかと、考えてみることです。そのような視点で、庭園を眺めたとき、そこには未来への手掛かりとなる大いなる遺産が、刻まれていることに気づかされます。

中庭の小宇宙——アルハンブラ宮

スペインには、八世紀初頭にアラブ人が上陸、イスラム系の王朝が樹立されて以来、素晴らしい庭がいくつもつくられました。中でも、とりわけ幻想的、華やかな美しさを誇るのがアルハンブラ宮の庭園です。複雑な構成からなるこの庭園は、九世紀末の小さな砦から、増築を重ね一四世紀末に完成したものだといわれています。その構造を読み解いていく鍵は、ミルトルの庭、獅子の庭を始めとする、パティオ（中庭）の存在です。

アルハンブラを含め、この時代につくられたスペインの庭園は、このパティオの連鎖体として営まれているのです。パティオを包み込むように配されたイスラム建築は、その美すべてを中庭に向けて集約されており、殊に、獅子の庭と、それを取り囲む繊細な列柱廊においては、精緻な装飾的表現、絶妙なプロポーション感覚など、庭という表現形式における究極の美の世界が描き出されているように感じます。

イスラム建築の特徴を表す言葉として、「表が裏で、裏が表」というのがありますが、

パンテオンの天井部分　ローマ

アルハンブラの本質もまた、無愛想な外観とは対照的な美しい中庭、内へと建築美が集約された小宇宙にこそあるのです。パティオそれぞれの内では、建築、水路、灌木、そして水の湧き出る泉とが一体となって、自然への賛美、生の喜びが表現されています。アルハンブラの庭を訪れ、そこここでの自然のささやきに耳を傾けていると、知らず知らずのうちに日常を離れ、夢の世界をさまよっているような感覚にとらわれます。

庭園と水

アルハンブラ庭園は、イスラム教徒がオリエントで開発した水工技術とヨーロッパの伝統が融合してできたものです。ヨーロッパの庭園の原型の一つとして有名なのは、かつて水の聖域として栄えたイタリアのティヴォリにあるハドリアヌスのヴィラです。これは、古代ローマの五賢帝の一人に数えられるハドリアヌスの手によって、二世紀前半につくられた広大な別荘の遺跡です。ここには水道工事に巧みであった古代ローマ人が、その技術を生かしてつくった噴水、水路の数々が遺構として残されており、かつてあった庭の、その壮大な構想の一部を伝えています。庭園は発掘部分だけでも約五〇万平方メートルと、一つの小都市に匹敵するほどの規模をもつもので、ハドリアヌスは生涯を通じての統治下にあった地域を巡る壮大な旅の想い出を、さまざまな庭、建物を結び付けたこの別荘にちりばめたのだといいます。

私がこの庭園を訪れたのは二〇代の終わり頃です。建物が崩れ、彫刻が倒れた廃虚の中に立っていると、ハドリアヌスにより再建された西洋古典建築の傑作、パンテオンのあの力強い空間のイメージと眼前の風景とが重なり合い、強い感動が湧き起こってくるのを感じました。庭園はその創始を辿ると、時の権力者達による極めて個人的な夢の現出であることが多いのですが、そこに託された夢の壮大さ、夢を描いた人物の巨大さにおいてこれ以上のものを私は知りません。

古代ローマで一つの完成を見た庭の文化はその後、西欧各地に伝播されていきます。その後、今日につながるヨーロッパ庭園の構成手法が新たに確立されたのは、ルネサンス期

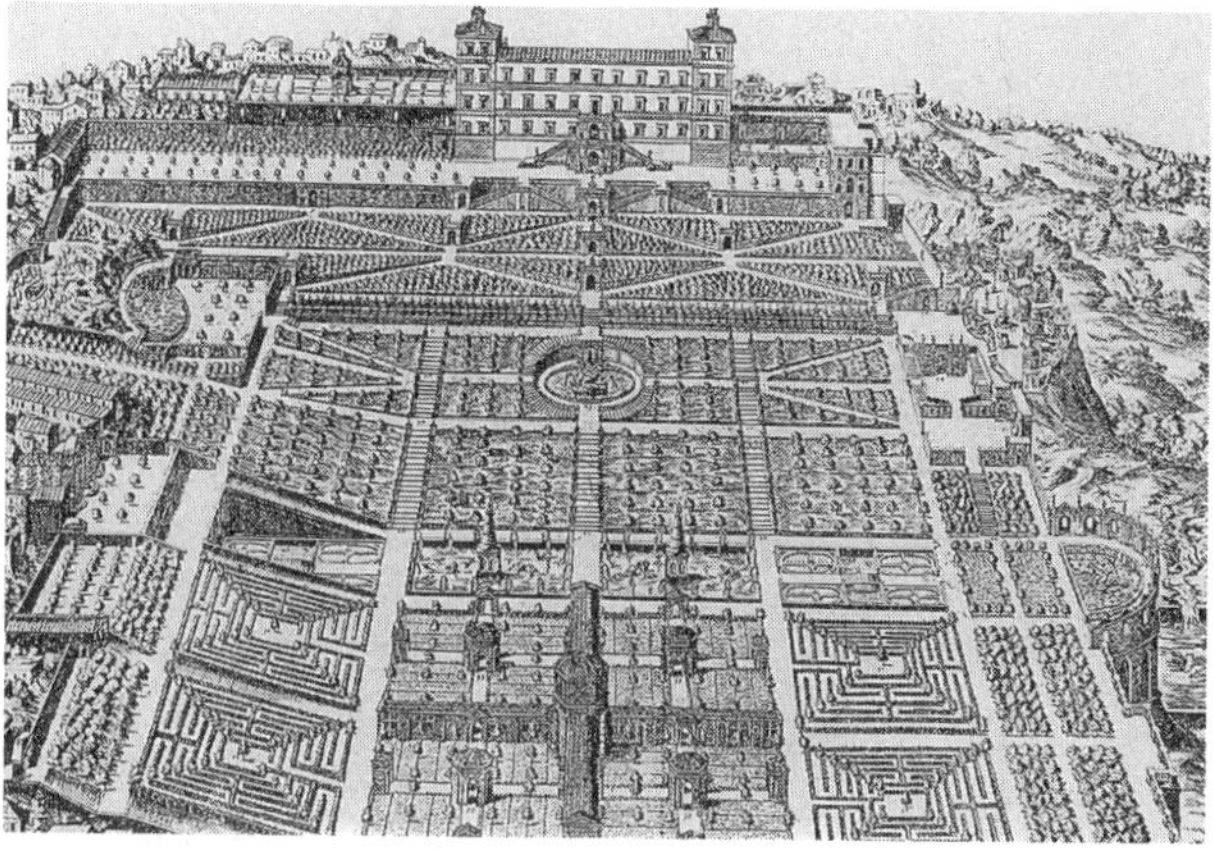
エステ荘　鳥瞰図

のイタリアにおいてでした。中世までの庭と、ルネサンス以降の庭との大きな違いとして、一つには水の扱い方の多様さが挙げられます。それまでは、噴泉と水路、池等にかぎられていた水の扱いが、ルネサンス以降、比較にならないほどに、多様な働きを伴うものとなっていくのです。

ハドリアヌスのヴィラと同じティヴォリの地の西斜面に広がるエステ荘（ヴィラ・デ・エステ）は、イタリア・ルネサンス期の庭園の中でも最初期のものであり、その水のダイナミックかつヴァラエティに富んだ扱いにおいて、他の追随を許さぬ質と規模を持つ庭園です。ここでは、噴水の類に加え、段状に重なるテラスをダイナミックに流れ落ちるカスケード（人工の滝）、群として噴泉を扱った百噴泉、水がパイプを鳴らす水仕掛けのオルガン、さらには水の力を利用して鳥の鳴き声、雷鳴などを演出する水劇場の設《しつら》えなど、まさに水の一大スペクタクルともいうべき、様々な趣向が凝らされています。

多彩な水の扱いが可能となった背景には、一三世紀頃から活発になった都市整備に伴う水道工事の活発化、要するに水工技術の進歩があげられます。しかし、水の扱いを含め、ルネサンス期の庭をそれ以前の中世の庭と異なったものにしている最たる要因は、自然の地形を見事に生かした、巧みな布置の手法にあります。

ルネサンス期の庭は、そのほとんどがヴィラと呼ばれる別荘建築に伴い造営されたものなのですが、それらは、都市郊外の山腹を選んで造られることが多く、庭は自然、エステ荘のような幾段ものテラスを重ねた姿となります。当然、そうした高低差をもった敷地では、水は高所からトンネル等によって苦心して引かれてくるのですが、それらの水が下方へと流れ落ちる過程で、水景を演出するのと同時に、様々な水の仕掛けを機能させる動力となるのです。

ここで注目すべきは、高低差による水の流れが、ある種の方向性を生み出しており、段状の小庭園の連続に統一感を与えている点です。古代ローマ世界への憧憬の中で、ひたすら秩序ある世界を追い求めたルネサンスの人々にとって、庭もまた明快な秩序のもとに統合されるべきものだったのです。数々の水の仕掛けにしても、空間が単調なものとならないように、主軸に対して左右に振り分けられるように配されており、庭園に変化と奥行きを与えています。

エステ荘のダイナミックな光景を可能にした布置の手法には、建築家として学ぶべき部分が多々あります。自然に本来備わっている力を引き出すことで、より明確な場所の性格付けを行おうとする手法は、自然と向き合う確かな目があって初めて可能になるものです。自然、地形を無視してつくられた現代都市において、エステ荘のような、力強い風景は望むべくもありません。

軸線の幾何学――フランス式庭園

イタリア・ルネサンスの庭同様、庭園に空間的秩序を与えようとしながらも、全く対照的な手段をもって展開されたのが、一七世紀フランスの、造園家アンドレ・ル・ノートル★1によって完成された幾何学様式（フランス式）の庭園です。当時、庭の先進国といえば無論イタリアであり、斜面に段状にテラスを築くルネサンス式庭園こそが、その模範とされていました。しかし、イタリアに比べて、平坦地の多いフランスにおいては、イタリアの方式をそのまま真似することはできません。フランスの平原では、それはただ散漫に拡散してしまうのです。

漫然と広がる広大な庭を組織立てていくには、イタリアの自然の斜面に代わる人工的な手段をもって空間を律しなければならない――その手段としてル・ノートルが考案したのが、強い軸線と幾何学だったのです。

ル・ノートルによる幾何学様式庭園で最初に実現した例が、ヴォー・ル・ヴィコントの館の庭です。南北の細長い敷地の周囲は森で囲いとられ、敷地の北よりに位置づけられた館を中心に、幾何学的模様の刺繡花壇が、左右対称に配されています。主軸は館のシンメトリーの軸と一致しており、庭の中央を貫いて一直線に延びるこの軸線に沿って、円錐形の刈り込みや彫像が、整然と並べられています。その主軸に対しては、複数の副軸線が切断するように直交してリズム感を与えており、遥か前方の無限の彼方へと消失していく主軸により一層の奥行きを与えています。水の扱いもまた、軸線を強調するよう考えられており、館の前の噴水から出発してひたすら遠方へと流れ行く運河がつくられています。

ル・ノートルがつくり出したこの壮大なパースペクティブは、時の王、ルイ一四世の目にとまり、彼は有名なヴェルサイユ宮殿の大庭園を任されることになります。ル・ノートルの手法は与えられた敷地が広大なものであればそれだけ、より壮大なパースペクティブを可能とするものです。当初は、二五〇〇万平方メートルもの広さを持っていた敷地に対し、ル・ノートルはもはや地平線と見まがうほどに遠大な軸線を引き、全ての要素を幾何学的に整然と配置、後にヨーロッパ中に知れわたることとなる空前の大庭園をつくりあげ

ヴェルサイユ宮殿と庭園（写真／WPE）

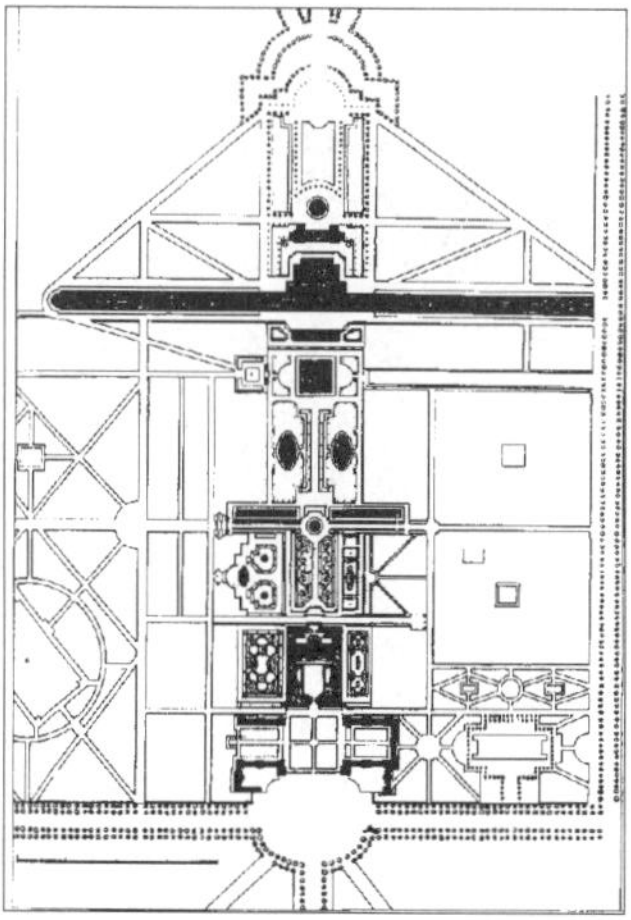

ヴォー・ル・ヴィコントの館
平面図

たのです。

ル・ノートルの庭には、アルプス以北の抽象的、論理的な思考を良しとする風土がよく表れており、この地でモダニズムの抽象の美学が生まれたのがけっして偶然でなかったことを証明しています。フランス式庭園は、一七世紀後半の権力者の志向と結び付いて各国に広まっていきましたが、その余りに整いすぎた風景に対して、反感を抱くものもあり、一八世紀中頃には、全く正反対の美意識に基づくイギリスの風景式庭園が登場してきます。風景式庭園とはフランス式庭園とは逆に、自然の持つ不規則性、非対称性にならって庭を構成しようとしたものです。その意図としては、日本の庭と相通ずる所もあります。が、形式は違っても、西欧の庭園に共通しているのは、その背後にある自然と人工とをはっきりと分けて考える思想、言い換えれば自然もまた人工の世界に捉えられ、意識的に操作されうるものとする西欧的価値観です。これは日本古来の自然観とは全く対照を成すものです。

京都の庭——自然に拠る生き方

京都の西芳寺（苔寺）に、時とともにその表情を深めていく苔に覆われた大変美しい庭があります。これは、空間を時の変化の中に捉えるという、極めて日本的な感性から生み出されたものです。かつての日本人にとって、自然とは時の移ろいとともに変わりゆくも

慈照寺銀閣　庭園（写真／安藤忠雄建築研究所）

のであり、従って、そこに人間がつくるものもまた、いずれは滅び自然と同化するものでした。温和な気候、小規模で変化に富んだ地形――自然豊かな風土にある日本において、自然は敵対し、克服すべき対象ではなく、自らその一部として調和すべきものでした。従って、建築においても、第一に重んじられたのは自然との調和であり、建築はあくまで庭と一体となるものとして考えられています。日本の建築文化においては、庭園そのものが建築空間だったのです。

日本人の自然に対する鋭敏な感性は、理想郷としてつくられた庭園の、その布置の思想に最も端的に表れています。例えば慈照寺銀閣の庭園にしても、驚くべきは絶妙な配置です。山のふもとに、自

竜安寺　石庭（写真／安藤忠雄建築研究所）

然に切り込むかのように配されており、金閣などと比較すると敷地はかなり狭い。そこに、白砂の敷き詰められた庭園が、独特な空気をつくり出しています。表面を直線状の縞が走る不定形の平面（銀沙灘）と、その平面に呼応するかのように、白砂を盛り上げた立体の造形（向月台）。この白砂の造形が、周囲の自然と実に対比的な、緊張感ある美しさを感じさせるのです。意表をつく配置が、自然が本来的に有していた特性をより際立たせるだけでなく、その空間構造をより深化させているのです。人工でありながら、自然に即した手法を用いること自体は、イタリア・ルネサンス期の庭に見られるように、決して日本独自のものではありませんが、日本の古建築、庭園の場合、その

水の教会　1988年

拠り方が著しいのです。

　日本の造園手法の一つとして借景というのがありますが、これなども自然に拠る姿勢をもって空間をつくっていくという、日本的感性の生み出したものでしょう。そこに取り入れられた風景によって自らの位置を定める、まさに自然に拠る空間構成の術だと言うことができます。一九八八年に私がつくった水の教会での、切り取られた風景も、借景と言えるかもしれません。

　海外でもよく知られている庭の一つに、竜安寺石庭があります。一〇〇坪余りの矩形の土地を低く築地塀で囲った中に、ただ大小一五の石が配されているだけのこの庭は、日本人が創出した空間芸術の中でもとりわけ異彩を放つものです。見る人に多様な解釈を許容する抽象性の高い空間は、宋の水墨画など禅の思想と結び付けて説明されることが多いですが、私には何か、この庭が築地塀の向こうに見える木立、その背後にある山々を際立たせるための舞台装置のように見えます。自然の中に〈空白〉を切り取ることによって、周囲の環境をより明瞭にし、それによってさらに〈空白〉の奥行きは、増します。私のつくった本福寺の前庭なども同じく、豊かな〈空白〉を目指してつくったものです。

考えてみると、三方を山に囲われ、変化に富んだ地形を持つ京都は、それ自体が一つの庭だということができます。京都の中に一〇〇あるといわれる庭は、それぞれが、自然にあらかじめ備わっている空間の特性をより明瞭にし際立たせるよう営まれたものであり、その思想が、目に見えない秩序となって、今も街全体を律しています。だからこそ、京都には、どれほどに近代的な建物が新たに建てられようとも、京都らしさを失わない、都市としての強さがあるのでしょう。

しかし、京都などはその長い歴史の蓄積故に、個性を保ち続けていられる例外的な都市であり、地方都市などでは、既存の都市環境などおかまいなしに新たな建設行為が進められ、場所による差異のない画一的な風景が次々とでき上がっています。庭に結晶化された、先人達の自然と生きる態度に触れる度に、もう少し環境に対して意識的に向き合うことができれば、日本にしかない自然と共生する都市を、私達はつくり得たのではないか、という思いを強くします。

淡路夢舞台――意識改革の場

二〇世紀、科学技術の進歩は世界に輝かしい成果を残しましたが、その一方では環境破壊という〝負の遺産〟が、確実に蓄積され自然を蝕んできました。とりわけ、日本では、自然に拠る生き方をしてきたが故に、かえって無意識に自然への無限の侵略がもたらされたという、皮肉な結果に陥っています。なしくずしの環境破壊では、自然だけでなく、人々が心の拠り所とすべき場所が持つ記憶、歴史性さえも奪われてしまう。時間を後戻りすることはできませんが、今一度、私達は自然と共生していける道を探るべきではないでしょうか。そのためにはまず、環境に対する私達の〈意識〉を変えていくところから始めなければなりません。二〇〇〇年に完成を迎えた淡路夢舞台の主題は、まさにこの環境、自然との対話であり、名前の通り、人々が自然と対峙し、改めて環境を考える中で、未来への夢が育まれる舞台をつくることでした。

淡路夢舞台の敷地は、関西国際空港の建設をはじめとした大阪ベイエリア開発のための土砂採掘場にありました。計画当初訪れた際には、かつて、淡路島の一風景として豊かな自然を湛えていたこの敷地は、山ごと土も緑も削られ、見るも無残な姿をさらしていました。「敷地に、生命《いのち》を取り戻す」。計画を進めていくにあたり、私達が目指したのは、まず破壊され傷ついた自然の回復でした。そのプログラムは国際会議場、ホテル、野外劇場、温室、展望テラスなどを必要とするものでしたが、ここでは建築よりも先にまず、数十万本にも及ぶ苗木を植えていくことから始めたのです。私達の掲げた理念は、いまだバブル経済の余波が残っていた当時において、決して万人の理解を得られるというものではありませんでしたが、カナダの東海岸、バンクーバー近郊にあるブッチャートガーデンの存在が、皆の心のはげみになりました。花と緑の溢れる大変美しいこの庭園もまた、元々セメント工場として石灰石を切り出す採掘場だったところを、工場のオーナー夫妻が数十年にも及ぶ地道な植樹の末に、世界の名園と言われるまでに育て上げたものだといいます。

夢舞台はもはや通常の建築のスケールを超えて、公園、広場、そして本章でお話しした庭といった概念を一体化した〈環境〉として考えられるべき規模のプロジェクトです。ここでは、建築を人々と、自然との対話を喚起する装置として考え、建物が緑に埋もれて見えない、ただそこでの五感を通じての空間体験だけが残っていくような場所づくりを意図しました。自然に対し、人工を押し付けるのではなく、それぞれの場所に、その特性を際立たせるよう、配慮しながら個々の建築を配し、敷地の至るところにアルハンブラ庭園のような、生命を感じさせる小宇宙をちりばめようと考えたのです。建築群の狭間には、人々が豊かな自然と触れ合い、楽しむための仕掛けが連なるように配され、ここでもアルハンブラ庭園同様、水が生命の象徴として、人と自然との出会いの場面を演出しています。

一〇〇の庭、一〇〇〇〇の噴水、一〇〇万枚の貝が池底を覆う貝の浜など、目に、手に触れることができるこれらの仕掛けが、美しい海景とあわせて人々の自然に対する感性を、呼び覚ますのではないかと期待しています。

計画発足当初に植えた苗木も、今では五メートル程に大きくなり、森が蘇るにつれて鳥や昆虫、リスなどの小動物も、敷地に帰って来ました。夢舞台を訪れ、木々のざわめきを聞き、鳥のさえずりを耳にした人々の心に命あるものへの愛情が、周囲の環境に対する意識が、今一度覚醒されればと思います。環境を考える上で、最後に頼りになるのは人々の自然に対する感応力なのです。

★1　アンドレ・ル・ノートル　André Le Nôtre（一六一三―一七〇〇）、フランス。ルイ一四世に仕えた宮廷造園家。後にヨーロッパ全土の造園界を風靡したル・ノートル式という造園様式を確立した。

P.240〜241　**淡路夢舞台**　外観、二〇〇〇年（写真／松岡満男）
P.242〜243　**淡路夢舞台**　百段苑（写真／新建築社）

第12章　つくりながら考える

つくりながら考える――ワッツタワー

建築とは、設計者個人の表現であるのと同時に、社会的なものでもあります。自分の頭の中で描いていたイメージを図面に起こし、協同者ともいえる施工者、またその建物の所有者となる施主と話を始めた瞬間から、その建築はコスト、法規、工期、そして施主の要望といった諸条件が複雑に絡み合う、社会の生産システムへと組み込まれていくのです。合理化され、管理された制度の中では、設計者個人の思いが完全に聞き入れられることは少ない。つくり手の夢、表現の自由といった経済性と相容れないものが削ぎ落とされた無個性な建物が現代都市には立ち並んでいます。

そんな街を見て、もう少し自由に、何にも縛られずにつくりたい、と思うこともしばしばです。無論、建築とは、様々な制約の中で、自らの理念をかたちにしていく行為なのですが、その一方で、表現者としての「つくりたい」という極めて素朴な欲望があるのもまた事実なのです。そのようなジレンマにぶつかったとき、いつも脳裏に浮かぶのが、ロサンゼルスにあるワッツタワーの自由な佇まいです。

ワッツタワーは今から半世紀近く前に、建設作業員であったサイモン・ロディアの手に

ワッツタワー（左右とも、写真／安藤忠雄建築研究所）

よって一九二一年から五四年まで、実に三三年間もの歳月をかけてつくられた〈無用の〉塔です。彼は、自宅と仕事場の日々の往復の過程で拾った路上の廃物――例えば鉄、金網、石や煉瓦や小さいガラスの破片といったものを材料として、自分の手が届く所から少しずつ建設に取り組んでいき、絶えず変更を加えながらひたすらこの塔をつくり続けました。変更といっても、そもそもはじめから計画があったわけでもなく、彼自身最終的にどのようなものができるか分かっていなかったというのですから、まさにこれはつくりながら考えられた建造物です。

何ら機能をもたず、勿論建築許可など得ているわけではない。普通、建築には限られた予算があり、時間の制限があり、求められる機能があり、何よりつくるべき何らかの目的があるものですが、この建物にはそれら全てがない。ワッツタワーは、社会に現れる建造物としては、実に異様な状況でつくられたものなのです。

ほぼ現在の姿ができ上がった一九五四年に、ロディアは突然、つくるのをやめて姿を消しました。後に、サンフランシスコの片田舎で発見されたロディアは、何故あのようなものをつくったのかと問われても、何も喋らなかったといいます。私が思うに、ロディアにとって、この建物をつくることは、生きることと同義だったのではないでしょうか。自己の存在証明だったといっても良いかもしれません。ロディアにとって、意味を持っていたのは塔をつくるという、プロセスそれ自体だったのであり、行為が終わった後の虚無感から逃れるため、次の創造の対象を求めるために、ロディアは旅立ったのではないかと思うのです。

考えてみれば現代社会の発展とは、個人の叫び、個性というものを、分散させ、切り捨て、全体性を保持することで成立してきたものでした。高度に管理された社会の中で、個人が思いを貫いて建築をつくっていくには、大変な勇気と、労力が必要とされます。ロディアの生きた時代にしても、現代ほどでないにしろ、このようなやり方が社会的に成立しえないものだったことに変わりはありません。だからこそ、ロディアは、働いて資金を稼ぎながら、たった一人で、この塔をつくり上げたのです。

シュヴァルの宮殿　右下の人物がシュヴァル

誰の手も経ずに、ロディア一人の手によってつくられたことで、ワッツタワーは、部分がそれぞれに激しく主張しながらも、辛うじて一つの表現としての全体性が保たれています。ロディアがワッツタワーにおいて勝ち取った自由、そこにある圧倒的なまでの「つくる」という意志は、つくることがこれほどに自由で有り得るのだということを、制約でがんじがらめになった現代社会に対し、訴えているかのようです。

ワッツタワーと同じく、現代社会への批評ともなるべきものに、フランスのオートリーブという町のシュヴァルの宮殿があります。これは、一九一二年から、奇しくもワッツタワーと同じく三三年間かけて、郵便配達夫シュヴァルが、路上で拾い集めてきたものを寄せ集め、一人でつくった建物です。建物の外見はいかにもキッチュというか、まがいものという感じがするのですが、部分部分のすべてにシュヴァル個人の表現したいという欲望、意志が直截に表れており、画一的な現代都市の建物にはない生命力が感じられます。現実に、彼らのようなやり方で仕事をしていくのは無理かも知れません。しかし、モノづくりに関わる人間として、つくりながら考える、というその精神を忘れたくはありません。

部分からの発想——カルロ・スカルパの建築

普通、肯定的な意味で近代建築と呼ばれる建築作品は、まず全体を統合するコンセプト、考え方があって、そこから部分へと枝分かれしていくという思考から産み出されるものです。全体に矛盾しないようつくり上げていくわけですから、いきおい部分に生命力が感じられないものになってしまいます。何よりそこで、見失われがちになるのが、身体性ともいうべき人間的視点です。だからこそ、個人の思いの果てにつくられたロディア、シュヴァル等の建築は私達の目に新鮮に映るのですが、近代を代表する建築家の中にも、例外的に、部分からの発想を大切にし、手触りできる部分から建築をつくり続けた人がいました。イタリアの建築家カルロ・スカルパ★1です。スカルパの作品は、十分な伝統的素養に裏付けられた巧みな素材の扱い、職人芸の伝統を生かした工芸的で精緻なディテールをもって、近代主義の時代にありながら周囲に異彩を放つ独特の雰囲気を湛えています。その背景には、彼の特異な経歴があるように思えます。

スカルパはヴェネチアで生まれ、終生この地方を拠点として建築活動を行ってきました。主要な作品はすべて四〇歳を過ぎてからという、彼と同世代の高名な建築家に比して、比較的遅咲きといえる建築家です。生涯において関わったプロジェクトの総数は二三〇余りと、決して少なくはありませんが、そのうち新築と呼べるものはわずか三作品のみであり、三割弱はヴェネチア・ビエンナーレ等、展覧会の会場構成、四割以上が既存の建物の改修計画です。歴史国家イタリアにおいては、旧い建物を新たな機能のために転用するのが当たり前という事情があったにせよ、このような一見地味な経験の積み重ねが、スカルパを後世の建築家に多大な影響を与える独特な建築手法の確立へと導いたのでしょう。

彼が一九六一年から六三年にかけてつくったクエリーニ・スタンパーリアは、度重なる運河からの浸水によって使用困難になっていた一六世紀のパラッツォ（宮殿）の一階と中庭を改修、ギャラリーと図書館、小さなホールを整備したものです。ここで、スカルパは外観にはほとんど手を加えていません。建物の入口に架かっていた橋の手摺りや階段を改修したり、運河側の建物開口部に独特なデザインの格子を加えるなど、ただ部分に手を加えることで、建物の印象を全く新たにすることに成功しています。イタリア語で改修はレスタウロといいますが、「単なる保存・復元ではなく、必要ならば旧いものでもあえて切除し、新しい要素を積極的に付加する」というその語の意味する通り、スカルパは既存の建物を土台にしながらも、常に新しい空間の現出を試みているのです。スカルパのデザインは、真鍮の手すりやドアの金具といった装飾的な部分だけでなく、床の板一枚一枚の張り方にまでも及んでおり、中を歩いていると、そこここに残されたスカルパの手の痕跡が、やさしく語り掛けてくるかのようです。また内部の、運河に向いたロビーは、その床を段状に削り取られており、その日その日の水位に応じて内部に水が浸透してくるようになっています。水の都ヴェネチアで生まれたスカルパならではの建築です。ホール奥にある中庭も、また秀逸です。極小の空間の中に無限の宇宙を求めた日本の茶室のように、ここでスカルパは、西欧の大庭園のエッセンスを集約したかのような修景を試みており、庭に動きと方向性を与える水路を中心とした、奥行きのある外部空間をつくりだしています。その水路一つをとってみても、単純な水路としての機能に加えて、その水の動きを可視化するような工夫がさりげなく加えられています。その機能と表現との微妙な関係設定こそが、建築家の仕事のなかで、最も大切な所なのかもしれません。

イタリア、ヴェローナにあるカステルヴェッキオ美術館も、彼のそうした改修プロジェクトの一つですが、そこでは展示物、既存建物、新たに加えられた建築的エレメントとが一体となって、まさにスカルパ建築の集大成ともいうべき建築空間が具現化されています。ここでもスカルパは外観にはほとんど手を加えず、既存の街並みを乱さないよう考慮して

クエリーニ・スタンパーリア　中庭、1963年。カルロ・スカルパ（写真／安藤忠雄建築研究所）

クエリーニ・スタンパーリア
内観（写真／安藤忠雄建築研究所）

います。何より驚くのは改修計画の大胆さです。ここで、スカルパは、建物ファサードを皮膜として切り離して考え、内部空間は全く独自に、自由なデザインを展開しています。かといって外部と内部が完全に独立しているわけでは決してなく、その接点となる開口部のデザインや、外部階段の設えなどにしても、内と外とが呼応しながら無理、矛盾なく建築として成立しています。建築の各要素、部分が独立した一個の表現となりながらも、それらが流れるように連なり、一編の建築の物語として見事にまとめ上げられているのです。その類まれな才能こそが、スカルパが他の、単に職人的なだけの建築家と一線を画する所以です。

スカルパは、一九七八年、滞在中の仙台での不慮の事故によりその生涯を終えましたが、彼の残した美しい建築の数々は、観念的に建築を考える傾向が強くなる一方の現代の建築界に対して、今一度自らの手、目を通じて手触りできる範囲から建築を考えること、部分からの発想もまた、建築には必要なのだということを訴えかけているように思えます。

建築のプロセス——デジタルとアナログ

スカルパはまた、非常に美しい図面、ドローイング、スケッチで知られる建築家です。クエリーニ・スタンパーリアの計画に際しても、スカルパは膨大なスケッチを残しており、その画一枚一枚を眺めていると、美しさと同時に、納得のいく意匠を得るために悪戦苦闘

カステルヴェッキオ美術館　1964年。カルロ・スカルパ

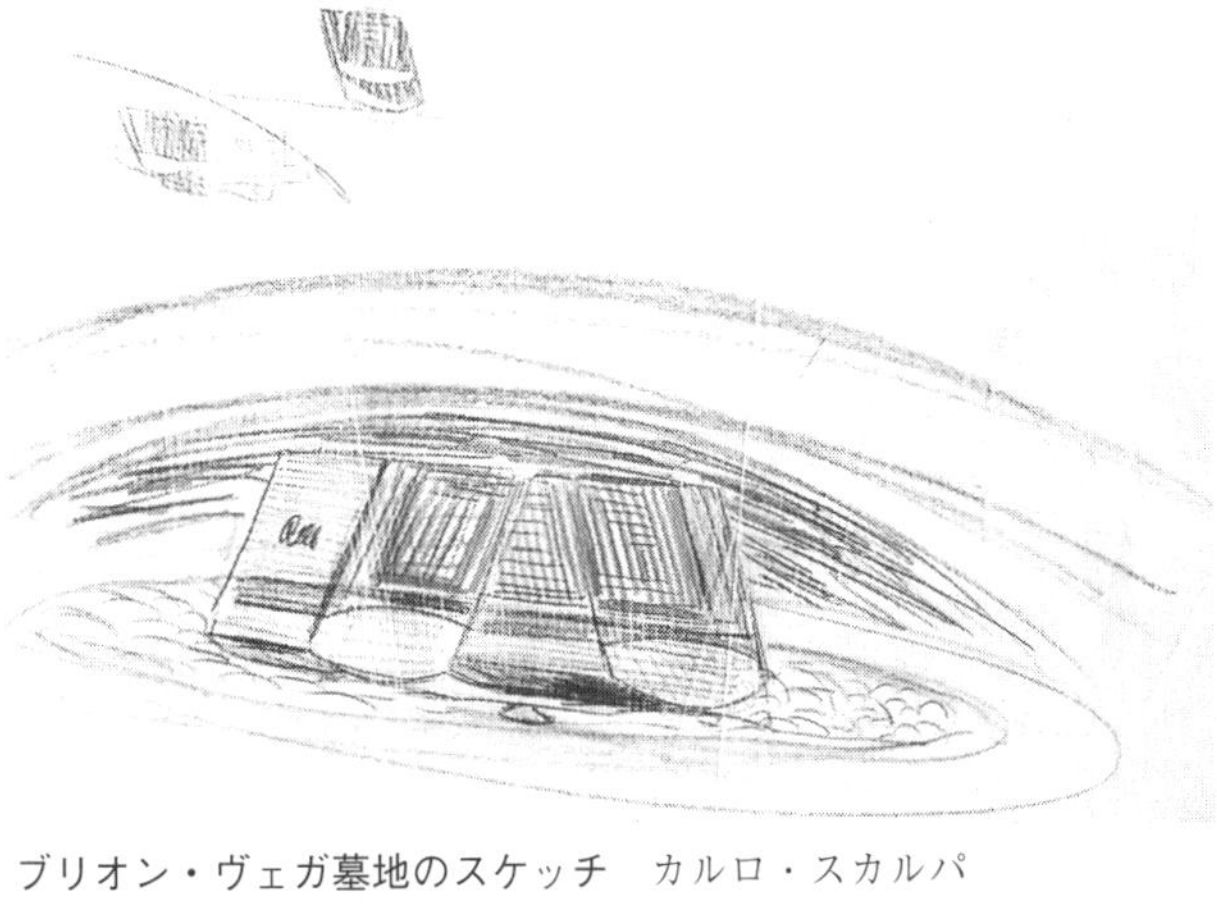

ブリオン・ヴェガ墓地のスケッチ　カルロ・スカルパ

したスカルパの、心の葛藤が伝わってくるようで、静かな感動を覚えます。建築がその姿を現すまでに、スカルパがいかに考え抜いて一つ一つを決定してきたか、その果てしないプロセスが圧倒的な線画の量として、見る者の心に迫ってくるのです。何回も描き直して、少しずつ修正しながら自らにできる精一杯の建築をつくっていく——私にはこのスケッチの束が、建築という行為の本来あるべき姿を示しているように思えるのです。

スカルパのスケッチから推察するに、彼の思考方法とは、徹底的に部分を考え抜きながらも、常に全体に立ち戻って建築全体を俯瞰することを繰り返すという、アナログ的なプロセスの積み重ねであったように感じられます。

建築とはすべて、この部分と全体の葛藤の末に生まれるものだとも言えます。抽象的な思考の末に生み出される近代建築の、その全体主義ともいうべき傾向を最も厳格なかたちで体現しているミースの作品にしても、その均質空間というコンセプトを貫徹するために払われたディテールへの努力には並々ならぬものがあります。建築における概念とその表現、言い換えれば全体と部分との関係設定が、いかに重要なものであるかが良く分かります。部分と全体、抽象と具象、単純と複雑、その結果としての普遍性と固有性。建築とはこのような対立する二項のせめぎあいの中で、その両極を同時に考えながら、一つの建築の在り方を模索していく行為なのです。またその相反する性質を一個の建築として成立させるために生じる矛盾、それを超えていくことこそが、建築に奥行きと、確かなリアリテ

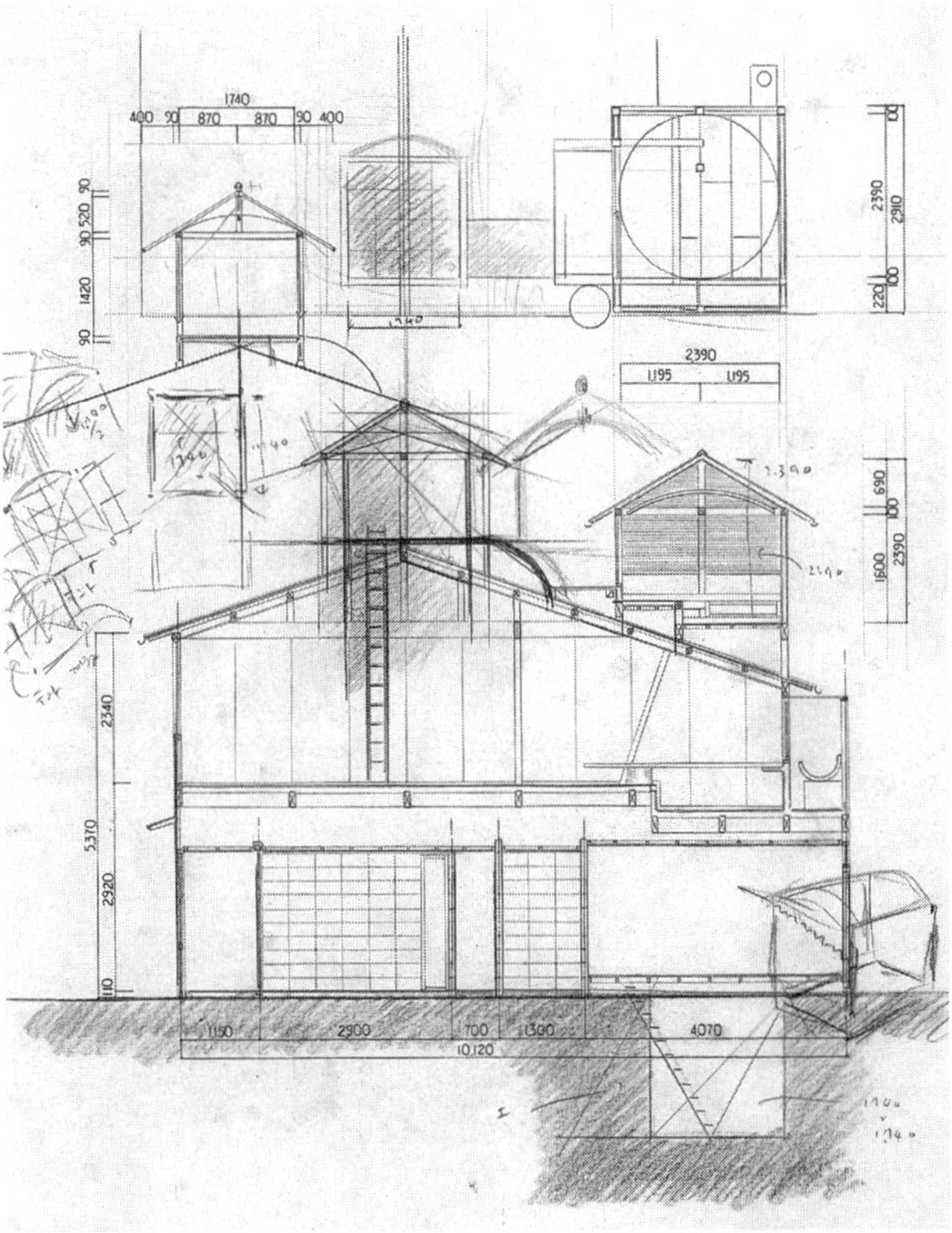

大淀の茶室　設計図とドローイング

ィを与えていくのです。この部分と全体とのせめぎあいを無自覚なまま失いつつあるのが、現代の、コンピューターによって描かれた図面からつくられる建築です。

本来、建築とは、程度の差こそあれ、非常にアナログ的な思考方法からつくりだされるものです。図面を描く際、そこに表現されるものは当然その建築がめざす未来なのですが、同時にそれは過去の歴史や現在の状況を踏まえたものであり、なおかつコスト、技術と表現との兼ね合いということも意識されたものでなければならない。私達の世代までの建築家は、建築とは、図面の上で自分自身を相手に格闘し、進退を繰り返しながらつくっていくものだと、教えられてきたのです。しかし凄まじい勢いで社会が情報化していく中、建築設計の現場にも当然のようにCAD（Computer Aided Design）が導入されるようになりました。建築もまた、条件として与えられた要素間での単なる選択行為へと変容しつつあるのです。

確かに、コンピューターで描かれた図面は美しく、人間の手よりもはるかに効率良く、精密な図面が作成できます。しかし、CAD図面の無機質な美しさは、本来納まっていない所を納まっているように見せてしまう危険性があります。人間の手による図面であればおのずと現れる設計者の思考の痕跡——何をつくりたいのか、何が問題となっているのか——が、CAD図面には全く表現されないのです。

また建築とは、常に人々の生活感に基づく経験主義的な思考が要されるものです。そうした人間の豊かな感覚の世界は、決して情報として数量化、記号化できるものではありません。確かに現代の情報化社会を生きる人間にとってコンピューターの使用はごく自然な流れであるし、また新たな表現を産み出すツールとしての可能性をも含めて、私は決してその存在自体を否定しているわけではありません。

私が危惧しているのは、コンピューターとの交流が必然であればあるほどに、その対極にある人間の身体性、生《なま》の生活を営むという現実感、なによりつくり手自身の思いが、建築から失われてしまうのではないかということです。CADを媒介として、そこに思い入れも感情も抱かない者同士が重なり合ってつくられてくる建築が、果たして人間の精神や魂を突き動かす説得力を持ち得るのかといえば、疑問を感じずにはいられません。

実験の精神

つくることで自らの生を確かめようとしたロディア、シュヴァル、近代にあって、自らの手と目を頼りに、建築をつくり続けたカルロ・スカルパ――彼らのような圧倒的なまでのつくるという意志を、私も現実の仕事の煩雑さの中で忘れたくないとの欲求から、一九八〇年代半ばに、コンクリートブロック、ベニヤ、テントを素材とした三つの茶室（大淀の茶室）を、事務所近くに借りた長屋を改造してつくりました。何故茶室を選んだのかというと、茶室のその形式の背後にある精神が機能を持つ通常の建物ではつくり得ない、新たな空間創出の可能性を秘めているように感じられたからです。

本来茶室とは「市中の山居」即ち日常の中に非日常を一時切り取るその精神にこそ意味を有するものでした。現在では茶室も、持ち主やつくった棟梁の趣味や教養の次元よりも、単に経済的な余裕を競い合う小道具の一つとなっていますが、私は、伝統でなく、あくまでその背後にある思想を受け継ぎたい。あえて、前述の三つのありふれた素材のみを用いたのも、最も手に入りやすい一般的な材を用いることが自らの思考を促し、要素を削ぎ落とすことで、逆に豊かさを表現しようとした茶室の精神に応えるものであり、現代における市中の山居として相応しいものに思えたからです。大淀の茶室は一九九一年に取り壊してしまいましたが、また機会があれば、このような試みを続けていきたいと考えています。

発想の原点——大淀のアトリエ

現在の私たちの事務所は、一九七三年、最初の仕事として設計した富島邸をもとに、何度も手を加えていったものです。七〇年代末、友人であった施主に双子の子供が産まれて急に家族が増えたというので、譲り受けて事務所にしたのですが、それ以来、自らがクライアントとなって四度ほど改築を重ね、現在に至っています。

建築には常に設計家とクライアントという存在があります。この建物では、本来は対立してしかるべきその二つの役割を自ら演じることで、双方の喜びと苦しみを味わうことが

「大淀のアトリエ」増築プロセス　最初の「富島邸」(右上)から四度の改修を重ね、現在の姿(P.264)になる(写真／安藤忠雄建築研究所)

できるのではないかと考え、使い手としての機能面、コスト面での希望と、つくり手として、妥協出来ない建築への思い――自分の内に生じる相反する感情を束ねるという意味で、自らのトレーニングの場であるとも考えています。このアトリエは、私が建築家としてやっていく限り、建築という闘いに繰り出すアジトであり、自らの意志で常に増改築を繰り返す建築の実験場なのです。

一九九一年の改造では、富島邸であった部分は完全に取り壊し、全体を新しくつくり変えました。その結果生まれたのが、五層分の吹き抜けを持つ、地下一階地上五階から成る現在のオフィスの形となりました。エレベーターなど勿論なく、垂直動線は吹き抜けを巡る階段と、真っ直ぐの梯子だけなので、事務所という機能面では不便なところがあります。しかし、吹き抜けを介して各階が連なるからこそ、狭い空間が閉塞せずにいられるし、また階段の昇り降りの際に、各フロアのスタッフの顔を確かめることができます。また、吹き抜けに面した通路には、本棚を設け、吹き抜けの下から天を仰ぐと、トップライトからの光が射し込む高さ一一メートル余りの空間を、ひたすら本が積み上げられた壁面が立体迷路のごとく巡る劇的な光景をつくりだすよう考えました。この吹き抜けの下に、私の机はあります。個性とはそもそも、このような個人の思いから生まれてくるものなのかもしれません。私にとってはこの不便さもまた豊かさなのです。

今、問題となっているのは、本が予想を超えて増えてしまったことで、先日も新たに本棚を付け加えようと四階の一部を改造しました。他にも、必要に応じて、家具を付け替えたり、ときには最小寸法を追求した螺旋階段を設けてみたりといった具合に、折を見て改造を加えています。

建築とは、完成とともにその成長も終わる、静止したオブジェではありません。社会の中で人々に使われ続ける限り、常に変化し成長する〈生きもの〉なのです。思えばこの場所が、私が建築家として実質的な第一歩をしるした場所でした。二〇代初めに、住まうことの意味を問い直すことから出発した私が、これまでもがき苦しんできた苦闘の軌跡その全てが、この場所に刻まれています。あとどれくらい建築をやっていけるのかは分かりませんが、これからも、建築を志した頃と変わらぬ緊張感を持続するためにも、つくりながら考え続ける実験的精神を忘れずにいたい。命ある建築を社会に送り出していきたい、そのように考えています。

★1　カルロ・スカルパ　Carlo Scarpa（一九〇六―七八）、イタリア。建築家。ヴェネチアを中心に、伝統的な手工芸的要素を強く持つ作品を残した。古建築の改修による作品が多い。

P.262　大淀の茶室　テント、ベニヤの茶室外観　P.263　内観（写真／新建築社）

P.264　大淀のアトリエ　二〇〇二年現在の外観（写真／安藤忠雄建築研究所）　P.265　内観（写真／大橋富夫）

女性セブン

主要参考文献

安藤忠雄『建築を語る』(東京大学出版会)
安藤忠雄『安藤忠雄の都市彷徨』(マガジンハウス)
『太陽』二〇〇〇年二月号「安藤忠雄の発想力」(平凡社)
『安藤忠雄の美術館・博物館』(美術出版社)
小松義夫『地球生活記』(福音館書店)
富永譲編『近代建築の空間再読　〈巨匠の作品〉にみる様式と表現』(彰国社)
横山正『ヨーロッパの庭園』(講談社)
ル・コルビュジェ『輝く都市』(SD選書)
ル・コルビュジェ『建築をめざして』(SD選書)
B・ルドフスキー『建築家なしの建築』(SD選書)
E・ハワード『明日の田園都市』(SD選書)
H・R・ヒッチコック、P・ジョンソン『インターナショナル・スタイル』(SD選書)

R・ヴェンチューリ『建築の多様性と対立性』（鹿島出版会）
R・バンハム『第一機械時代の理論とデザイン』（鹿島出版会）
F・L・ライト『ライト自伝―ある芸術の形成』（中央公論美術出版）
A・ロース『装飾と罪悪』（中央公論美術出版）
W・グロピウス『デモクラシーのアポロン』（彰国社）
L・ベネーヴォロ『図説　都市の世界史4　近代』（相模書房）
S・グラボー『クリストファー・アレグザンダー』「都市はツリーではない」（工作舎）
S・ギーディオン『空間・時間・建築』（丸善）
S・E・ラスムッセン『都市と建築』（東京大学出版会）
『新建築』一九九一年六月臨時増刊　創刊六五周年記念号「建築20世紀part1」「建築20世紀part2」（新建築社）

あとがき

本書は、二〇〇〇年四月から六月期の人間講座『建築に夢をみた』のテキストをＮＨＫライブラリーとして再編集したものである。各章は、私が建築家として数十年を生きてきて、社会に対して思ったこと、感じたことを課題としてお話しし、そのあとに関わってきた仕事のいくつかを紹介するという構成によっている。それらは私なりに悩み、考えた末に出した、課題への一つの応えである。だが、それぞれの建築は決して私一人の力で出来上がったものではない。私につくる機会を与え、思いを共有してくれたクライアント、そのコンセプトを理解して、現実の構築物へと具現化させていく安藤忠雄建築研究所のスタッフ、そして建築の現場で実際にモノとして建物をくみ上げていってくれる施工会社の人々、職人達——。文中で安藤忠雄の仕事として取り上げた全ての建物は、彼等との共同作業によって、生まれたものだ。皆が思いを共有し、精一杯の力を尽くして、はじめて建築は生命を得る。

私達は、人々に生活の安全と、安らぎをもたらす基盤を築いていくべきこの建築という仕事に、誇りと非常な責任をもって生きている。そうして手掛けてきた建物の一つ一つの成長を、今日まで皆で見守ってきた。その責任を自分達で抱えきれなくなるまでは、誇りを持ち続けられる限りは、建築で精一杯生きていきたい。そのように考えている。

本書の編集にあたっては、NHK出版教育編集部の鵜飼泰宏氏、加藤剛氏には大変お世話になった。安藤忠雄建築研究所の加藤由美子さんと二五人のスタッフ達にも何かと力になってもらった。この場を借りて、感謝の念を表したい。

二〇〇二年二月二四日

安藤忠雄

安藤建築探訪ガイド

一般の方々が訪れることのできる、公共的な建物を中心にした、安藤忠雄作品ガイドです。開館日時等は変更される場合もありますので、事前にご確認ください。

渡辺淳一文学館

北海道札幌市中央区南12条西6丁目／☎011-551-1282／開館9:30〜18:00（10月〜2月は9:30〜17:30）／月曜、祝日の翌日休／JR札幌駅より車で10分、または地下鉄中之島公園駅より徒歩8分／1998年1月竣工

http://www.elleair.co.jp/watanabe/

国際芸術センター青森

青森市合子沢字山崎152−6／☎017-764-5200／開館9:00〜22:00／毎月第3日曜日、12月29日〜1月3日休／JR青森駅よりJRバスなどにて約40分「青森公立大学」下車、または東北自動車道の青森I.C.より車で約10キロ／2001年竣工

国際子ども図書館

東京都台東区上野公園12−49／☎03-3827-2053／開館9:30〜17:00（11月〜2月は一部16:00）／月曜休／JR上野駅より徒歩10分／2002年1月竣工

http://www.kodomo.go.jp/

豊栄市立図書館

新潟県豊栄市東栄町1−1−35／☎025-387-1123／開館10:00〜20:00（金曜12:00〜18:00、土曜・日曜・5月5日・11月3日10:00〜18:00）／月曜、祝日（祝日が月曜日の場合と祝日開館の場合は翌日）、年末年始、蔵書点検日休／JR白新線豊栄駅より徒歩10分／2000年10月竣工

ミュゼふくおかカメラ館

富山県西礪波郡福岡町福岡新559番地／☎0766-64-0550／開館9:00〜17:00／月曜休（祝日は開館）／JR北陸本線福岡駅より徒歩5分、または能越自動車道福岡I.C.より車で5分／2000年7月竣工

http://camerakan.com/

石川県西田幾多郎記念哲学館

石川県河北郡宇ノ気町内日角井1番地／☎076-283-6600／開館9:30～19:00（10月～3月は9:30～18:00）／月曜（祝日の場合は翌日）、12月29日～1月3日、資料整理日休／JR七尾線宇野気駅より徒歩20分／2002年3月竣工

赤い帽子 織田廣喜ミュージアム

滋賀県蒲生郡日野町西大路864−5 滋賀農業公園ブルーメの丘内／☎0748-52-8121／開館9:30～日没（ブルーメの丘に準ずる）／月曜（祝日の場合は翌日）、12月1日～2月28日休／JR近江八幡駅より近江バスにて50分、または近江鉄道日野駅より近江バスにて15分／1998年5月竣工

市立五條文化博物館

奈良県五條市北山町930－2／☎07472-4-2011／開館9:00～17:00／月曜（祝日の場合は開館）、祝日の翌日休／JR和歌山線五條駅より車で10分、または南海高野線林間田園都市駅より車で20分／1995年4月竣工

TIME'S Ⅰ&Ⅱ

京都市中京区三条通河原町下ル／三条京阪駅より徒歩3分、または阪急四条河原町駅より徒歩9分／Ⅰ期-1984年9月、Ⅱ期-1991年9月竣工

京都府立陶板名画の庭

京都市左京区下鴨半木町／☎075-724-2188／開園9:00～17:00(入園16:30まで)／年末年始休／地下鉄北山駅下車／1994年3月竣工

アサヒビール大山崎山荘美術館

京都府乙訓郡大山崎町字大山崎小字銭原5－3／☎075-957-3123／開館10:00～17:00／月曜休（祝日の場合は翌日）／JR山崎駅、阪急大山崎駅より徒歩10分、またはシャトルバスにて5分／1995年7月竣工
http://www.asahibeer-oyamazaki.com/

ライカ本社ビル

大阪市住之江区南港北1−6−39／☎06-6614-3311／見学時間9:00～18:00（受付スペースのみ見学可、事前連絡要）／土曜・日曜休／ニュートラム中ふ頭駅より徒歩10分、またはテクノポート線コスモスクエア駅より徒歩10分／1989年12月竣工

大阪府立近つ飛鳥博物館

大阪府南河内郡河南町大字東山299／☎0721-93-8321／開館10:00～17:00／月曜休（祝日の場合は翌日）／近鉄長野線喜志駅より阪南ネオポリス行きバスにて終点下車／1994年3月竣工

http://www.mediajoy.com/chikatsu/

サントリーミュージアム［天保山］

大阪市港区海岸通1−5−10／☎06-6577-0001／開館10:30～20:00／月曜休／地下鉄中央線・テクノポート線大阪港駅より徒歩5分／1994年10月竣工

http://www.suntory.co.jp/culture/smt/

光の教会(茨木春日丘教会)

大阪府茨木市北春日丘4−3−50／☎0726-27-0071／見学時間10:00〜18:00、日曜15:00〜18:00(事前連絡要)／水曜見学不可／JR茨木駅より近鉄バス春日丘公園より徒歩1分(駐車場はありませんので公共交通機関をご利用ください)／1989年竣工

大阪府立狭山池博物館

大阪府大阪狭山市池尻中2丁目／☎072-367-8891／開館10:00〜17:00／月曜休（祝日の場合は翌日）／南海高野線大阪狭山市駅より徒歩10分／1999年6月竣工
http://www.sayamaikehaku.osakasayama.osaka.jp/

司馬遼太郎記念館

大阪府東大阪市下小阪3−11−8／☎06-6726-3860／開館10:00〜17:00／月曜(祝日、振替休日の場合はその翌日)、12月28日〜1月4日、9月1日〜10日休／近鉄奈良線八戸ノ里駅より徒歩8分／2001年竣工
http://www.shibazaidan.or.jp/

ギャラリー小さい芽（澤田邸）

兵庫県西宮市千歳町6−20 ギャラリー1F／☎0798-33-3345（FAX同）／開館11:00〜17:00／展示により不定休／阪急夙川駅より徒歩3分（公共の交通機関をご利用ください）／1996年8月竣工

六甲の教会

兵庫県神戸市灘区六甲山町西谷山1878／☎078-891-0333／開館10:00〜17:00（見学は事前連絡要）／JR六甲駅などから神戸市バスにてケーブル下駅で下車し山上駅へ、そこより六甲山上バスにて「六甲オリエンタルホテル前」下車／1986年3月竣工

ゲストハウスOLD／NEW六甲

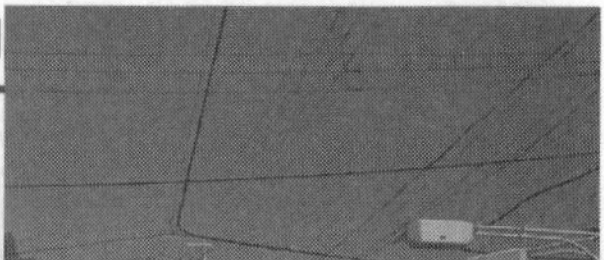

兵庫県神戸市灘区六甲台町6-2／JR六甲駅より徒歩15分／1986年12月竣工

兵庫県立こどもの館

兵庫県姫路市太市中915−49／☎0792-67-1153／開館9:30〜16:30／火曜、月末休(祝日の場合は翌日)／JR姫路駅より神姫バスにて「こどもの館前」下車／1989年7月竣工

姫路文学館

兵庫県姫路市山野井町84／☎0792-93-8228／開館10:00〜17:00／月曜（祝日の場合は開館）、祝日の翌日、12月25日〜1月5日休／JR姫路駅より神姫バスなどで市之橋・文学館前下車／1991年3月竣工

真言宗本福寺水御堂

兵庫県津名郡東浦町浦1309−1／☎0799-74-3624／開門9:00〜17:00／JR三ノ宮駅より高速バスにて大磯港バスターミナルから徒歩10分／1991年9月竣工

淡路夢舞台

兵庫県津名郡東浦町夢舞台１番地／☎0799-74-1000／JR舞子駅から高速バスにて20分／2000年12月竣工

http://www.yumebutai.co.jp/

TOTOシーウィンド淡路

兵庫県津名郡津名町里字海平573−14／☎0799-62-7105／見学時間11:00〜14:00（事前連絡要）／土曜・日曜休／津名港より車で10分／1997年12月竣工

兵庫県立美術館ー「芸術の館」ー

兵庫県神戸市中央区脇浜海岸通1−1−1／☎078-262-0901／開館10:00〜18:00（特例開催中の金・土曜は20:00まで、入場30分前まで）／月曜（祝日の場合は翌日）、12月28日〜1月4日休／JR灘駅または阪神岩屋駅より徒歩5〜10分／2001年9月竣工

兵庫

西宮市貝類館

兵庫県西宮市西宮浜4－13－4／☎0798-33-4888／開館10:00～17:00／水曜休（祝日の場合は翌日、ただし夏休みは水曜も開館）／JR西ノ宮駅、または阪神西宮駅よりマリーナパーク行きバスにてマリーナパーク南下車／1999年5月竣工

兵庫県木の殿堂

兵庫県美方郡村岡町和池951／☎0796-96-1388／開館10:00～17:00（12月～3月は10:00～16:00）／月曜休（祝日の場合は翌日）／JR山陰本線八鹿駅より全但バスにてハチ北口下車徒歩1時間、または車で10分／1994年4月竣工

岡山

成羽町美術館

岡山県川上郡成羽町下原1068－3／☎0866－42－4455／開館9:30～17:00／月曜休／JR伯備線高梁駅より地頭行き備北バスにて「成羽停留所」下車／1994年10月竣工

直島コンテンポラリーアートミュージアム

香川県香川郡直島町琴弾地／☎087-892-2030／開館8:00〜20:00／宇野港または高松港より四国汽船の定期フェリーにて宮浦港下車、そこより車で10分、両港よりチャーター船にて同館下の桟橋に直行も可能／ミュージアム1992年4月竣工(アネックスは1995年7月竣工)

四国民家博物館
(2002年秋頃開館予定)

香川県高松市屋島中町91／☎087-843-3111／開館時間未定／休館日未定／琴電屋島駅より徒歩5分、またはJR屋島駅より徒歩10分／2001年竣工

越知町立横倉山自然の森博物館

高知県高岡郡越知町越知丙737−12／☎0889-26-1060／開館9:00〜17:00／月曜休(祝日の場合は翌日)／JR高知駅よりJR佐川駅まで45分、JR佐川駅より黒岩観光バスにて15分／1997年9月竣工

愛媛

エリエールスクエア松山

愛媛県松山市柳谷町794－1 エリエールゴルフクラブ内／☎089-977-9700／開館10:30～16:30／月曜・火曜休／JR松山駅より車で30分／1998年11月竣工

南岳山光明寺

愛媛県西条市大町550／☎0897-53-4583／拝観時間14:00～16:00（行事等により拝観不可の時あり）／JR予讃線伊予西条駅より徒歩10分／2000年7月竣工

http://www.koumyouji.com/

熊本

熊本県立装飾古墳館

熊本県鹿本郡鹿央町大字岩原3085／☎0968-36-2151／開館9:30～17:00／月曜休（祝日の場合は翌日）／熊本交通センターより山鹿温泉行きバスにて終点下車、車で10分／1992年竣工

ファブリカ（ベネトンアートスクール）

FABRICA
(BENETTON COMMUNICATION RESEARCH CENTER)

location : Villorba, Treviso, Italy
design : Tadao Ando
term of planning :
1992/04－1994/12
term of construction work :
1992/10－2000/06(renovated part.
1992/10－1995/04, new part 1.
1994/08－1995/04, new part 2.
1999/02－2000/06

アパレル・メーカー、ベネトンの企画による総合的アートスクール。17世紀に建てられたパラディオ風のヴィラを保存修復した上で、サンクンコートを持つ地下部分が増築されている。

アルマーニ・テアトロ

ARMANI/TEATRO

location : Milan, Italy
design : Tadao Ando
term of planning :
2000/03－2000/09
term of construction work :
2000/09－2001/07

世界的に知られるアパレル・メーカー、ジョルジオ・アルマーニのための劇場。半世紀前の工場を一部改修し、新たな劇場として甦らせている。

ユネスコ瞑想空間

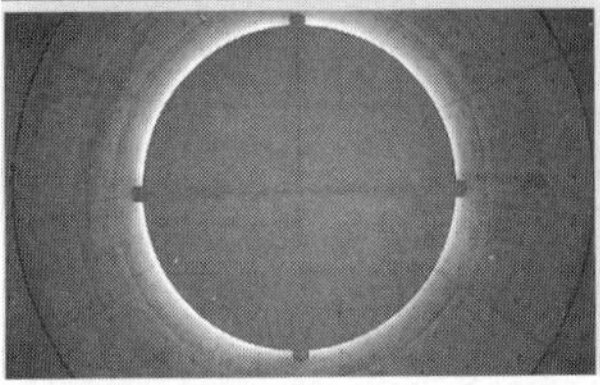

MEDITATION SPACE, UNESCO

location : Paris, France
design : Tadao Ando
term of planning :
1994/01－1995/05
term of construction work :
1995/04－1995/10

ユネスコ設立50周年を記念して、あらゆる宗教、民族を超えた世界平和のための「祈りの空間」として計画された。敷地の隣にはイサム・ノグチの日本庭園がある。

ヴィトラ・セミナー・ハウス

VITRA SEMINAR HOUSE

location : Weil-am-Rhein, Germany
design : Tadao Ando
term of planning :
1987/04－1992/05
term of construction work :
1992/06－1993/07

家具会社であるヴィトラのセミナー・ハウスとして建設された。同一敷地内にはフランク・ゲーリーによるヴィトラ・デザイン・ミュージアムがある。

マンチェスター市ピカデリー公園再生計画

PICCADILLY GARDENS REGENERATION, MANCHESTER

location：Manchester, UK
design：Tadao Ando
term of planning：
1999/01−2000/08
term of construction work：
2000/05−2002

マンチェスター市の中央に位置するピカデリー公園を中心とする一体の地区再生計画。登場する建築要素はごくわずかであるが、都市の中で確かな場所性を獲得している。

フォート・ワース現代美術館

MODERN ART MUSEUM OF FORT WORTH

location：Fort Worth, Texas, U.S.A.
design：Tadao Ando
term of planning：
1997/01−1999/09
term of construction work：
1999/10−2002/06

1997年の国際コンペにより、安藤忠雄が設計者として選ばれた。コンセプトは「芸術の森」。隣接してルイス・カーンの傑作キンベル美術館が建っている。

ピューリッツァー美術館

PULITZER FOUNDATION FOR THE ARTS

location：St.Louis, Missouri, U.S.A.
design：Tadao Ando
term of planning：
1992/05−1994/02(phase 1),
1995/07−1997/10(phase 2 for the new site)
term of construction work：
1997/11−2001/07

ピューリッツァー賞創設者家族のコレクションを収蔵する美術館。計画から着工に到るまで、およそ11年の歳月が流れた。

シカゴ美術館屏風ギャラリー

GALLERY FOR JAPANESE SCREEN, THE ART INSTITUTE OF CHICAGO

location：Chicago, U.S.A.
design：Tadao Ando
term of planning：
1989/02−1991/04
term of construction work：
1991/05−1992/05

シカゴ美術館収蔵の日本の屏風および陶磁器が展示される東洋部門のギャラリー。展示計画を安藤忠雄が手掛けた。

本文組版／ＶＮＣ
編集協力／加藤剛（海象社）・福田光一
白鳳社・井上美夫

本書は「ＮＨＫ人間講座」において、二〇〇〇年四月～六月に放送された『建築に夢をみた』のテキストをもとに、作成したものです。

NHK
ライブラリー
149

建築に夢をみた

2002（平成14）年４月20日　第１刷発行
2002（平成14）年10月５日　第４刷発行

著者——安藤忠雄

発行者——松尾　武
発行所——日本放送出版協会
〒150-8081 東京都渋谷区宇田川町41-1
電話 03(3780)3301［編集］03(3780)3339［販売］
振替 00110-1-49701
http://www.nhk-book.co.jp
印刷——光邦／近代美術
製本——笠原製本

ISBN4-14-084149-4　C1352